Kurt Zeidler

TERESA

Meiner Frau
in Liebe und
Dankbarkeit.

Kurt Zeidler

TERESA

Herausgegeben
vom Verein
»Kulturstammtisch Kirchstetten«

Mit freundlicher Unterstützung
der NÖ Landesregierung, Abt. Kutur

Gesamtherstellung:
GRAL-Zeitschriftengestaltung, Grübl KEG,
A-3108 St. Pölten, Unterwagramer Straße 35

Umschlagentwurf:
Helga Panagl

ISBN 3–902263–03–2

Teresa

Wer Sensation erwartet,
wird enttäuscht.

Zwei junge Menschen suchen
ihr Lebensglück,
naiv und harmlos.

Nicht harmlos ist die Zeit,
doch die lässt sich nicht wählen.

Personen und Handlung
dieser Erzählung
sind frei erfunden.

Inhalt

I.
Die Insel

Oft musste er daran denken, wie er zum ersten Mal das kleine Juweliergeschäft an der »Riva« betrat. Nur langsam gewöhnten sich die Augen an das Halbdunkel des engen Ladens, dessen bescheidene Einrichtung nur den äußeren Eindruck bestätigte. Ein altes Verkaufspult und zwei Wandkästchen aus Glas, altmodische Weckeruhren zur Schau stellend, bildeten das Inventar. War diese Leere echt oder sollte sie, vorgetäuscht, vor begehrlichen Blicken und Händen schützen?

Lange hatte er nach einem Juweliergeschäft gesucht. Die durchwegs schlichten Läden des Städtchens trugen meist keine Aufschrift. Eine Auslage mit billigem Souvenir ließ ihn eintreten.

»Buon giorno!«

Im Hintergrund öffnete sich die Türe zu einem zweiten, aber beleuchteten Raum und im schmalen Türrahmen, nur in Umrissen erkennbar, erschien ein Mädchen. Oder junge Frau.

Abweisend – nach dem Blick auf die Uniform: »Sie wollän?«

Der Arzt, bereits vor der schlechten Stimmung in der Bevölkerung gewarnt, gab sich von dem unfreundlichen Ton nicht

ANMERKUNG: Die Textstellen in italienischer Sprache sind zum Teil in triestinischem Dialekt wiedergegeben.

überrascht. Die Kriegswirren hatten nach der Kapitulation Italiens (im Zweiten Weltkrieg) auch diese Insel erreicht. Kämpfen zwischen rivalisierenden Partisanengruppen folgte die gewaltsame Besetzung durch deutsche Truppen.

Unbeirrt fuhr er italienisch fort: »Vorrei, per favore, un bell regalo.« // »Ich suche, bitte, ein schönes Geschenk.«

Das Mädchen schaltete eine Hängelampe an und legte, ohne aufzuschauen, ein Tablett auf den Tisch. Den Kopf geneigt, hielt es den Blick streng auf das Tablett gerichtet. Das Licht fiel auf schwarzes Haar.

»Bittä!«

Deutsch, so als wolle es jede Gemeinsamkeit vermeiden.

Der Arzt nahm seine Kappe ab und musterte die auf rotem Samt feilgebotenen Andenken. Schlimmste Befürchtungen sah er übertroffen: Ramsch, Ladenhüter, die an den Mann gebracht werden sollten, gut genug für die Besatzungssoldaten.

Der schwarze Haarschopf wurde unruhig, das Gegenüber zeigte Ungeduld.

»Non mi piace. Vorrei portare a mia madre un bell regalo di valore per natale.« // »Es gefällt mir nicht. Ich möchte meiner Mutter ein schönes und wertvolles Geschenk zu Weihnachten bringen.«

Das Mädchen trat aus dem Lichtkreis und hob den Kopf. Ihr Blick streifte die hellen Haare, das etwas knabenhaft wirkende Gesicht, glitt über die Schulterklappen und den Äskulapstab.

»Sie sind Arzt?«

»Ja, ich bin Arzt.«

Das Mädchen verließ den Raum. Vom Nebenzimmer vernahm man leises Sprechen, zuletzt eine männliche Stimme.

Die Türe öffnete sich – aber nur zum Spalt. Wieder das Mädchen: »Bitte, kommen Sie morgen wieder!«

4. Dezember 1943

Liebe Eltern!
In Eile, bevor die Feldpost zum Festland abgefertigt wird.

Ihr braucht Euch um mich keine Sorgen zu machen! Wohlbehalten bin ich vor drei Tagen bei meiner neuen Sanitätseinheit angekommen. Wir sind auf einer Adriainsel stationiert, einem (im Augenblick) ruhigen, kleinen und schönen Eiland. Nur wenige Meter breit, trennt ein Kanal unsere Insel von der benachbarten – und trennt Welten. Dort Karst, von der Bora heimgesuchte Erde, hier immergrüne Fruchtbarkeit.

Heute habe ich mich im Ort ein wenig umgesehen: Ein Mittelmeerstädtchen, ansteigend um den Hafen herum gebaut, zu dem alle Straßen, Gassen und Gässchen hinunterlaufen, bei Wolkenbruch, hat man mir erzählt, auch das Wasser. Viele Häuser, die, wie ich annehme, aus der ersten Hälfte des vorigen Jahrhunderts stammen, besitzen als Eigentümlichkeit in der Mitte der Vorderfront einen giebelartigen Aufsatz, der diese erhöht und krönt. Ein Angehöriger unserer Krankenabteilung, Bautechniker in Zivil, erklärte mir, der Aufbau, »Luminario« genannt, diene zum Wäschetrocknen und zum Aufhellen des Stiegenaufgangs. Jedenfalls erhält manches Haus so einen schlösschenartigen Charakter.

Besondere architektonische Sehenswürdigkeiten gibt es nicht, aber das Städtchen gewinnt schnell die Sympathie durch sein offenes, freies Gesicht, das sich ganz und gar von dem starren, steinernen Festungsantlitz so vieler Orte am Mittelmeer unterscheidet. Kleine Hausgärten, Zypressen, Palmen unterbrechen Stein und Ziegel und selbst streng behütende Gartenmauern dulden den Ungehorsam überhängender Äste.

Ich muss Schluss machen. Grüßt mir bitte alle Bekannten!

In Liebe
Euer Hans

Am nächsten Tag wehte der Scirocco. Er trieb lang gezogene, hohe Wellen vor sich her, peitschte sie gegen die Felsküste und schüttete Regenschauer über die Insel.

Im Ort war vom Sturm nicht viel zu spüren, das Wasser im Hafenbecken zeigte kaum Bewegung. Die bewaldeten Höhen schützten die fjordähnliche Bucht.

Am frühen Nachmittag trat der Arzt wieder in den kleinen Laden. Er wurde schon erwartet. Auf sein »Buon giorno« kam das Mädchen aus dem Hinterraum und legte einen Ring auf vorbereiteten Samt.

»Gott, wie schön! Permesso?«

Der Arzt deutete auf den Ring.

Sie nickte.

Der Ring trug eine Gemme, einen Frauenkopf in antiker Manier.

»Intaglio«, bemerkte das Mädchen.

Bewundernd drehte er den Ring mit der Gemme im Schein der Lampe: »Un bell anello! Belissimo!«

Darauf: »Per favore, i miei debiti.« // »Bitte meine Schuldigkeit.«

Das Mädchen senkte den Kopf, blickte auf den Tisch. Dann begann es italienisch: »Mia madre è malata gravimente. Ha la febbre alta. Soffre di dolore nella spalla destra. Prego di venir a mia madre per ajutarla. Ben presto, per favore!« // »Meine Mutter ist sehr krank. Hat hohes Fieber. Leidet an Schmerzen an der rechten Schulter. Ich bitte Sie, zu meiner Mutter zu kommen und ihr zu helfen. So bald wie möglich, bitte!«

Sie wiederholte: »Per favore!«

Das war es also.

Der Arzt überlegte kurz. Dann antwortete er deutsch, die Bitte kam zu unerwartet.

»Ich werde Ihrer Mutter selbstverständlich helfen, sofort helfen. Aber den Ring möchte ich auf alle Fälle bezahlen!«

Er legte ihn wieder auf den Tisch zurück.

»Dove abita Sua madre?« // »Wo wohnt Ihre Mutter?«

»Sta di casa al'altra parte del porto.« // »Im anderen Teil des Hafens.«

»Come faccio per andarci?« // »Wie komme ich dort hin?«

»Le insegnerò la via.« // »Ich werde Ihnen den Weg zeigen.«

»Allora andiamo!«

Das Mädchen nahm den Ring vom Tisch, legte ein Schultertuch um und verließ nach dem Arzt das Geschäft. Gerne hätte er jetzt ihr Gesicht gesehen, sie hielt es bisher so geheimnisvoll im Dunkeln, doch wieder wandte sie sich ganz schnell um, der Türe zu, schloss sie ab und, ehe er sich's versah, lief seine kleine Führerin, die ihm nur bis zur Schulter reichte, schon voraus.

Er folgte.

Er folgte langem schwarzen Haar, das gelöst über den Rücken fiel und das, nur durch eine silberne Spange zusammen gefasst, beim Gehen hin- und herschwenkte. Und er folgte zwei sehr geraden und sehr schlanken Beinen, wobei er daran denken musste, auf wie viel kräftigeren (aber auch längeren) Beinen die Frauen seiner Heimat einher schritten.

Der Gang war unnachahmlich italienisch.

Italienerin?

Die Insel gehörte viele Jahrhunderte zu Venedig, dann zu Österreich, zuletzt zu Italien. Die Bevölkerung schien zum größten Teil kroatischer Abstammung.

Die beiden eilten, von den Einwohnern bald mit Interesse verfolgt, um den Hafen herum zur gegenüberliegenden Seite, wo bescheidenere Fassaden die Kaistraße säumten. Der Blick zurück entschädigte.

Über den Häusern der Riva, deren Antlitz Stolz und Wohlhabenheit früherer Zeiten verriet, stiegen, dichtgedrängt, von Palmen und Zypressen überragt, die roten Ziegeldächer zum hellen Campanile auf, von dessen Spitze ein eherner Engel seine Arme schützend über Stadt und Land breitete.

Das Mädchen war weiter geeilt, verließ jetzt den Hafen und bog in ein schmales, über flache Stufen aufwärts führendes Gässchen. Noch zweimal änderte es die Richtung und der Arzt bedauerte die Schnelligkeit, mit der es voran flog, weil hier die Gartenmauern, niedrig und verfallen, das preis gaben, was sie sonst so streng hüteten: Mediterrane und subtropische Kostbarkeiten, von vielen Seefahrergenerationen zusammengetragen. Erstaunlich die Vielfalt, die es hier zu bewundern gab, und erstaunlich die Liebe der Bewohner zu ihren Gärten, die sie hinter Steinmauern bargen.

Ein paar hohe Stufen noch und sie standen auf einer breiten, leicht abfallenden Straße. Ein helles, ansehnliches Haus gegenüber zog den Blick auf sich. Mit dem »Luminario« in der Mitte hielt es sich an den ortsüblichen Stil, die stattliche Größe und die schmucke Vorderfront mit den beiden Pilastern hob es deutlich unter den anderen Häusern hervor.

Die flinke Führerin verschwand in einem Gässchen auf der anderen Straßenseite. Er folgte. Als er das Gässchen betrat, sah er, wie sie an einer mit Efeu und Geißblatt bewachsenen Mauer stehen blieb, und erkannte im Näherkommen, dass sie vor einer grünen Eisentüre auf ihn wartete. Sie wandte ihm jetzt ihr Gesicht voll zu.

Das Mädchen mochte jung, sehr jung sein.

Fein gezeichnete Züge.

Madonnengesicht, über das plötzlich ein amüsiertes Lächeln glitt, wie der Nachkommende so mit langen Beinen und großen Schritten heranstapfte.

»Prego!«

Das Mädchen schloss auf.

Am straßenseitigen Ende des nicht zu großen, üppig bewachsenen Gartens erhob sich ein einstöckiges Gebäude, in dem der Arzt unschwer die Rückseite des stattlichen Hauses erkannte. Eine kleine Türe zum Garten stand offen. Also wurde er durch die Hintertür eingelassen.

Das Mädchen, das seine Gedanken erriet, entschuldigte sich: »Wir alle gehen so in das Haus. Die Tür an der Straße ist jetzt immer geschlossen.«

Auch dieses Gebäude mochte über hundert Jahre alt sein, die Marmorfliesen abgetreten wie die Steintreppe, über die er in den ersten Stock und das Schlafzimmer geführt wurde.

Angenehme Helle empfing ihn. Ungehindert von benachbarten Häusern strömte das Tageslicht durch die hohen Fenster. Die in mattem Weiß gehaltenen Schlafzimmermöbel verstärkten den freundlichen Eindruck.

Die Kranke saß aufrecht im Bett, den rechten Arm auf einem großen Polster gelagert. Schulter und Oberarm trugen einen aus warmen Tüchern gefertigten Verband.

Der Arzt verneigte sich, die Kappe hatte er in der Diele abgegeben: »Leitner.«

Die Kranke reichte die linke Hand: »Racovich.« Mit müdem Lächeln, nicht ohne würdevollen Charme.

Gepflegtes Gesicht, gepflegte Hand, das Alter schwer zu schätzen. In Haus und Garten hatte die Dame sicher noch nie gearbeitet.

Auf dem Nachtkästchen lag eine angebrochene Phiole mit Tabletten, wahrscheinlich Schmerzmittel. Glänzende Augen und gerötete Wangen verrieten das hohe Fieber.

»Meine Mutter kann nur Italienisch, ich mache Interprete.«

Der Arzt deutete auf den Verband. Das Mädchen nahm ihn behutsam ab und stützte den Arm, um jede schmerzhafte Bewegung zu vermeiden. Das Schultergelenk zeigte sich geschwollen, die Haut rot und gespannt: Gelenksentzündung.

Leitner versuchte, Mutter und Tochter Name wie Wesen der Erkrankung zu erklären und versprach, die notwendigen Medikamente jetzt in seiner Krankenstation zu besorgen.

Beim Verlassen des Zimmers stieß er mit einer Frau zusammen. Es war die Frau, die seine Kappe in der Diele entgegen genommen hatte. Sichtlich hatte sie an der Türe gehorcht.

»Maria!« wies vorwurfsvoll das Mädchen die Lauscherin zurecht.

Die Krankenstation, zu der jetzt der Arzt zurückeilte, war in der Schule des Ortes einquartiert, einem ansehnlichen, hellgrauen Gebäude, das sich an der ruhigen Parallelstraße oberhalb des Hauptverkehrs erhob. Zweigeschossig, streng symmetrisch, mit dem über breite Stufen erreichbaren Eingang in der Mitte, trug es unverkennbar das ärarische Antlitz der K. k. Schulen, wie man sie in vielen Ländern des ehemaligen Österreichs noch heute antreffen kann.

Im Zurückeilen erinnerte sich Leitner, dass das Besorgen der Medikamente auf Schwierigkeiten stoßen könnte. Zum Glück traf er den Stabsarzt allein in seinem Zimmer an, in Gegenwart des Sanitätsfeldwebels wäre ihm das Bitten um Freigabe nicht angenehm gewesen. Der Feldwebel legte von Anbeginn ein überhebliches Benehmen an den Tag. Leitner vermutete, dass er, schon lange mit dem Chef zusammen im Einsatz, sich verdrängt fühlte.

Der Stabsarzt hörte aufmerksam zu, willigte wohl in die Bitte ein, warnte aber gleichzeitig:

»Seien Sie bitte vorsichtig! Sie kennen die gespannte Lage hier. Wie heißt noch diese Familie?«

»Racovich.«

»Und wo wohnt sie, wenn man ihnen rasch helfen soll?«

Der Unterarzt beschrieb den Weg, da er Straße und Nummer nicht anzugeben vermochte.

Sanitätsfeldwebel Riegler rückte schweigend und missmutig die recht erhebliche Menge an Medikamenten heraus, die zur Sicherheit für drei Tage berechnet war. Nach knapp einer Stunde konnte Leitner sein Versprechen einlösen, gab Anweisungen für die Pflege und versicherte beim Verabschieden, weiter für die Kranke zu sorgen.

Dr. Leitner glaubte, sich der Diagnose vergewissern zu müssen, besuchte Frau Racovich schon am nächsten Tag. In der Krankenstation verriet er es niemandem. Er wurde von der Kranken und der Tochter sehr liebenswürdig empfangen. Das Fieber war bereits etwas gesunken, die Schmerzen erträglicher geworden. Man bat aber, so es ginge, um weitere Besuche.

Tagebuch

7. Dezember 1943

Auf Überraschungen sollte der Arzt stets gefasst sein.

Sprechen kann ich hier mit niemandem, niemandem mich anvertrauen – außer meiner Feder.

Ich führe jetzt wieder ein Tagebuch und weiß auch, warum es andere ebenfalls tun, immer schon getan haben. Das Tagebuch ist Aussprache, Zwiesprache – ist der Dialog des Einsamen.

Was heute geschah, verdient gewiss nicht, dass man ihm allzu großen Wert beimisst oder es gar als Kränkung hinnimmt. Der Besuch, der dritte im Hause Racovich, verlief so merkwürdig, dass ich mir zumindest keinen Reim darauf zu machen weiß.

Schon wie Teresa – ich kenne bereits ihren Namen – die Türe öffnet, fällt mir ihr verändertes Verhalten auf, der Ernst, die Zurückhaltung, mit der sie mich begrüßt. Jeden Augenkontakt meidend, blickt sie zu Boden, ist abweisend wie damals im Geschäft.

Auch die Mutter gibt sich distanziert, förmlich, mit erzwungener Freundlichkeit. Dann behauptet sie, es gehe ihr besser!

Elend hat sie ausgeschaut!

Als ich die Schulter untersuchen will, wehrt sie ab, lässt durch das Mädchen sagen, sie spüre kaum noch Schmerzen. Ich schaue zu Teresa, sie weicht meinem Blick aus, schlägt die Augen nieder.

Aber damit nicht genug, erklärt die Mutter mit stockenden Worten, sie fühle sich wieder gesund und möchte meine Hilfe nicht weiter in Anspruch nehmen. Ohnehin sei sie zu großem Dank verpflichtet und bitte, jetzt den Ring als kleine Anerkennung anzunehmen.

Zu allem Überdruss hätte ich dann fast diesen lauschenden Hausgeist, diese Maria, wieder umgestoßen, als ich erregt das Zimmer verließ.

Nicht schön, Frau Racovich, jemanden so hinaus zu komplimentieren und noch dazu den eigens gerufenen Arzt. Der Chef hatte nicht umsonst vorher gewarnt, lächelnd meinte er: Ihr Metternich hat einstens die Quadriga auf San Marco von Paris nach Venedig zurückgeholt und ist trotzdem der Verhasste geblieben. Sie bleiben der unbeliebte Besatzungssoldat.

Recht geschieht mir! Was kümmert mich im Grund die Angelegenheit? Schluss damit und Schluss mit der ganzen undankbaren Familie!

Der ganzen?

Das Mädchen, es kam nachgelaufen, noch bevor ich das Haus verlassen konnte.

»Bitte nicht böse sein! Bitte! Sie wissen nicht, was ist passiert. Alles ist viel schrecklich!«

Tränen traten in ihre Augen, als sie mir – was sie bisher nie tat – die Hand reichte. Ich spüre sie jetzt noch, diese kleine Hand, eine Kinderhand fast, wie sie die meine drückt, um Vergebung bittend, und erst auslässt, als sich das liebe Madonnengesicht abwendet, die Tränen zu verbergen.

Dieses letzte Bild war schließlich das Einzige, das von dem ganzen enttäuschenden Besuch im Hause Racovich zurückblieb.

»Müssen Sie noch immer zu der Italienerin?« erkundigte sich der Stabsarzt.

»Nein, vorläufig nicht. Es geht ihr wesentlich besser!«

»Seien Sie froh! Mir hat die Geschichte nie recht gefallen!«

Auch Sanitätsfeldwebel Riegler wollte wissen, ob Leitner weiterhin Medikamente benötige. Als der Arzt verneinte, entging ihm nicht ein eigenartiges Aufflackern in den Augen des Feldwebels.

Leitner hatte aber inzwischen eine kurze Abwesenheit Rieglers benützt, sich mit Medikamenten einzudecken. Ungeduldig erwartete er den Nachmittag. Obwohl er sich beim Eintreten in den Juwelierladen ganz leise verhielt, musste er doch gehört worden sein, denn Teresa erschien aus dem Hintergrund. Ihre Stimmung lag zwischen Angst und Freude, warnend legte sie den Finger an den Mund und deutete nach rückwärts.

Der Arzt übergab das Päckchen mit den Medikamenten, verneigte sich und wollte das Geschäft wieder verlassen, als das Mädchen ihm ein Zeichen gab, schnell etwas auf einen Zettel kritzelte und alle fünf Finger der linken Hand hob.

Dem Besitzer des Juwelenladens – es war ihr Onkel, der im hinteren Raum arbeitete und aufschaute, als Teresa zurück kam – erklärte sie, sie hätte einem Soldaten den Weg zum Hafenamt beschreiben müssen.

»Man hat ihn gar nicht gehört«, bemerkte der Onkel, »die haben sonst sehr kräftige Stimmen!«

Leitner suchte eine Seitengasse auf, um ungestört lesen zu können. Er entfaltete den Zettel. In zierlichen, flüchtig gesetzten Buchstaben stand darauf:

»Bosco dietro alla casa« // »Wald hinter dem Haus.«

Jetzt war ihm auch das Handzeichen klar. Die Uhr zeigte vier, noch eine Stunde also.

Er schlenderte die Hafenpromenade entlang und suchte nach einem Weg, der nicht am Haus der Familie Racovich vorbei führte.

Die Dämmerung brach an, als er die Anhöhe erreichte. Hier in der Einsamkeit des hohen Pinienwaldes wurde er das Gefühl nicht los, noch mehr beobachtet zu werden. Er beschloss, zum Hafen zurückzukehren und erst kurz vor fünf Uhr den verabredeten Ort aufzusuchen. Den Weg wusste er jetzt.

»Mir hat die Geschichte nie recht gefallen«. An diese Worte musste Leitner denken, als er jetzt schon bei Dunkelheit durch den Pinienwald jener Stelle zuschritt, die Teresa wohl mit »Bosco dietro alla casa« gemeint hatte. Die Rückseite des Racovich'schen Gartens grenzte an unbebaute Grundstücke, etwa zwanzig Meter dahinter begann der Wald.

Es konnte nur hier sein, wo sich die schmale Gasse an der Gartenmauer vorbei als Feldweg in einer großen Biegung nach rechts, zwischen niedrigen, locker gefügten Steinmauern bis zu den ersten Pinien fortsetzte.

»Mir hat die Geschichte nie recht gefallen.«

Der Arzt lehnte sich an den dicken Stamm einer alten Pinie. Die Dunkelheit hatte tausend Augen, die Stille schien zu lauern.

War ihm jemand gefolgt?

Schwaches Geräusch ließ ihn aufhorchen, er entsicherte die Pistole.

Leise Schritte waren jetzt zu hören, doch rasch erkannte er, dass sie aus dem Gässchen kamen, kurze, schnelle Frauenschritte. Sie näherten sich, eine kleine Gestalt löste sich aus dem Dunkel.

»Teresa?«

»Si, son' io!« // »Ich bin's!«

Sie trat nahe an ihn heran und begann leise: »Ich bin gekommen, Ihnen sagen, was ist geschehen. Ein Mann von der Insel ist zu meinem Onkel gekommen und hat gesagt: Wenn dieser deutsche Arzt noch weiter zu Deiner Schwager kommt, machen die Freiheitskämpfer Rache an Deiner Schwager, an dem Arzt und an allen. Der Mann hat auch Ihren Namen gewusst und woher Sie sind: Dr. Leitner aus Salzburg. Wir haben große Angst. Ich habe der Mutter gegeben diese medicine nur allein.«

»Glauben Sie – etwa Maria?«

»Möglich, sie hat immer gehört.«

»Es ist merkwürdig, dass der Mann nicht nur meinen Namen kennt, sondern auch genau weiß, woher ich bin. Das kann Maria nicht wissen. Ich habe es niemandem gegenüber hier erwähnt und ich bin erst ganz kurze Zeit auf der Insel.«

»Vielleicht hat Maria nur anderen gesagt. Und wegen Salzburg, Sie glauben nicht, was gewisse Leute alles von Soldaten wissen.«

»Aber das mit Salzburg bleibt komisch.«

»Comico?«

»Strano.« // »Merkwürdig.«

»Sie sind wirklich aus Salzburg?«

»Ja.«

»Ich war nur einmal in Österreich, in Graz. Ich war noch Kind. Ich bin auch ein wenig Österreicher.«

Und nach einer kurzen Pause: »Ich muss jetzt nach Hause!«

Missgestimmt, des eigenen Verhaltens sich schämend, stieg der Arzt die Stufen in die Stadt hinunter, streifte durch die dunklen Gassen.

Hatte er sich nicht lächerlich benommen einem jungen Mädchen gegenüber, das ihn nur treffen wollte, den Grund für die verletzende Art des letzten Besuches zu erklären?

Musste das sein: »Teresa, kann ich Sie wieder sehen?«

Zum Schluss, als er endlich seine Hemmung überwunden hatte.

Und als er keine Antwort vernahm, nochmals: »Teresa, bitte!«

Wieder kam keine Antwort. Sie war ja gar nicht mehr da! War sie ohne Schuhe gelaufen? Er hatte sie nicht gehört, sie blieb von der Nacht verschluckt.

Die Straße, in die der Arzt jetzt einbog, führte direkt zur Krankenabteilung. Nein, so schnell wollte er nicht in die Krankenstation zurück. Entschlossen wechselte er die Richtung.

Die Frage quälte: Musste er nicht auch das beschämende Missverständnis fürchten, der Retter in der Not fordere ein anderes Honorar als den Ring, der ihm zu gering schien?

Lange irrte er umher, bis er in sein Quartier fand. In seinem Zimmer legte er die Schuhe ab, angekleidet warf er sich aufs Bett. Meist gelangten so die Gedanken am schnellsten zur Ruhe. Die Gedanken, die heute alle zu dem einen Punkt zusammenliefen: Hatte ihm das Mädchen je durch Zeichen oder sein Verhalten Grund zur Annahme gegeben, er bedeute ihm mehr als der dringend benötigte Arzt für die Mutter?

Übrigens, er erinnerte sich jetzt: War es nicht auch in der Vorweihnachtszeit, als er jemand anderem das erste Mal gegenüber stand? In der Aula damals. Es ist schon etwas Merkwürdiges, Besonderes um die Adventzeit, diese Zeit der erwartungsvollen, der offenen Herzen.

Ilses spritzigem Temperament war er nie recht gewachsen gewesen und doch hatten sie zwei glückliche, sehr glückliche Jahre erlebt, bis der Stuttgarter Arzt ins Blickfeld trat. Älter, gewandter und in seiner weltmännischen Art überlegen, beeindruckte er Ilse von Anfang an. Vielleicht hätte er damals mehr um sie kämpfen müssen, sich nicht nur beleidigt, resigniert in sein Schneckenhaus zurückziehen sollen.

Gedanken, Bilder, Gestalten begannen zu fliegen, flogen immer schneller, flogen in das Reich der Träume. Eine Tagebucheintragung erfolgte nicht.

Wenig erfrischt wachte er am nächsten Morgen auf. Kaltes Wasser und reichlich Kaffee sollten die Reste abendlicher Niedergeschlagenheit und die Folgen eines unruhigen, wirren Schlafes vertreiben helfen.

Am Vormittag kam es dann zu einer Überraschung. Maria, der lauschende Hausgeist, erschien fein herausgeputzt in der Krankenstation. Sie zog ein längliches Päckchen aus ihrer Tasche: Dr. Leitner habe bei seinem letzten Besuch sein Fieberthermometer zurückgelassen. Der Arzt, der den wirklichen Inhalt erahnte, wollte sich mit einem Geldstück revanchieren, doch die Botin lehnte energisch ab. Sie gab ihm die Hand und sah ihn lächelnd an, als möchte sie ihm ihre Sympathie kundtun.

Die freundliche Geste kam unerwartet – war sie ehrlich gemeint?

Dem Feldwebel, der misstrauisch die Szene beobachtete, erklärte Leitner kurz, dass es sich um sein eigenes Thermometer handle. »Sie können ja die Thermometer nachzählen«, bemerkte er ironisch. Das Interesse war auffallend.

Er nahm das Päckchen auf sein Zimmer. Als Kern der länglichen Hülle, die ein Thermometer sollte vermuten lassen, fiel ein Etui auf den Tisch, ein Briefkärtchen lag bei. In zierlichen Buchstaben: »Sie müssen vergessen. Es ist nicht gut für uns zwei. Mama geht es besser. Sie sagt vielen Dank. Sie müssen den Ring nehmen. Bitte! Teresa.«

Und darunter der Satz: »Bitte gehen Sie nicht in Gärtnerei!«

Der Stabsarzt, von Anbeginn dem jungen Kollegen gewogen, sah sich in einer väterlichen Rolle. Es bereitete ihm Sorge, den Unterarzt so bald, ähnlich Riegler, in außerdienstliche Tätigkeiten verstrickt zu sehen. Und er befürchtete noch mehr.

Leitner hatte zwar versichert, die Behandlung der italienischen Patientin sei beendet, doch eine dunkle Ahnung, gewisse Kontakte zur Familie bestünden weiter, ließ den Stabsarzt nicht zur Ruhe kommen. Dass diese Kontakte nicht nur ärztlicher Natur bleiben würden, war abzusehen. Trotz des erst kurz zurückliegenden Dienstantrittes gewährte er dem jungen Kollegen überraschend Heimaturlaub, in der Hoffnung, ihn so aus beginnenden Inselbeziehungen zu lösen. Alte Bindungen in der Heimat, vielleicht auch neue, sollten helfen, ernste Beziehungen auf der Insel zu verhindern. Diese hielt der Stabsarzt für bedenklich, ja riskant – mit nicht vorauszusehenden Folgen.

Tagebuch

15. Dezember 1943

Ich weiß nicht, womit ich mir den Urlaub verdient habe: Mir scheint, der Chef hat mich ein wenig ins Herz geschlossen.

Meine Eltern waren außer sich vor Freude, als ich unerwartet nach so kurzer Zeit wieder vor der Tür stand. Und ich selbst – ich habe mich schon lange nicht mehr so wohl zu Hause gefühlt.

Über den Gemmenring hat sich meine Mutter sehr gefreut, am meisten, glaube ich, über die Aufmerksamkeit. Vom ganzen Drumherum habe ich nichts erzählt.

Meinen Vater sehe ich nur kurz am Tag, zu Mittag knapp und dann erst spät am Abend. Viele Ordinationen sind verwaist, die Ärzte zum Kriegsdienst eingezogen oder anderweitig dienstverpflichtet. Aber dann, wenn alle zu Hause sind, werden es Stunden voll ganz besonderer Herzlichkeit.

Mit der Post traf heute auch ein Brief von Ilse ein. Festtagsgrüße standen darin, voran der Wunsch, es möge mir in all den Kriegsgefahren nichts Gefährliches zustoßen. Ich habe mich sehr gefreut – doch wie über den Brief einer Schwester. Er hat keine Wunde aufgerissen, nur den Abstand von Vergangenem deutlich werden lassen. Vom Stuttgarter Arzt schrieb sie kein Wort. Ob sie noch ein Paar sind? Ist mir eigentlich gleich – vorbei.

Ich werde mich mit freundlichen Gegenwünschen bedanken.

Tagebuch

17. Dezember 1943

Schon seit dem frühen Morgen, seitdem ich wach bin, gehen meine Gedanken wieder um diese Insel, natürlich auch um das Mädchen und seinen Brief.

Was sollte die Warnung vor der Gärtnerei?

Befindet sich dort ein Partisanenzentrum oder kam von dort jener geheimnisvolle Mann von der Insel, der dem Onkel die Drohung überbrachte?

Mich lässt die Frage nicht in Ruhe: Woher war dem Mann meine Heimatstadt bekannt? Außer dem Stabsarzt, der sicher nicht im Spiel ist, kann es nur einer (aus den Papieren oder vom Stabsarzt) wissen – der Feldwebel.

Dann gibt es in dem Brief freilich noch zwei Sätze, gleich am Anfang: »Sie müssen vergessen. Es ist nicht gut für uns zwei.«

Höfliche Abfuhr? Oder doch mehr?

Den ganzen Tag hielt ich mich in meinem Zimmer auf. Bin dann auf die Straße gelaufen, stadteinwärts, und durch die Schlossallee und den Hellbrunner Park zurückgewandert. Im Park waren Gärtner damit beschäftigt, dürre, über den Weg hängende Äste abzusägen, damit niemand zu Schaden käme. Hohn! Täglich werden Tausende an die Front zum Sterben geschickt und hier gibt sich die Obrigkeit so besorgt!

Sonst hat Gehen – Bewegen befreit – Gedanken und Lösungen erleichtert. Heute bin ich nicht zur Ruhe gekommen.

Ich muss Teresa wieder sehen.

Ungeachtet aller Folgen.

Tagebuch

19. Dezember 1943

Bin wieder auf der Insel. Heute abend angekommen.

Der Stabsarzt gibt sich erfreut, weil er seinen Urlaub früher antreten kann, schaut mich aber besorgt an, als wäre er mit meiner baldigen Rückkehr nicht ganz zufrieden.

Die Eltern wollten ihren Sohn auch nicht schnell ziehen lassen; sie wussten, wie lange ich noch hätte bleiben können. Der Abschied fiel schwer, aber ich fand keine Ruhe mehr in dem goldenen Käfig und die Wiedersehensfreude mit Salzburg verflog rasch. Friedlich wirkt alles nur beim ersten Hinschauen; beim zweiten Hinsehen, mehr noch beim Hinhören, spürt man die tiefen Wunden, die der Krieg geschlagen hat. Zwölf Mitschüler unseres Maturajahrganges sind bereits gefallen.

Vielleicht hätte ein wenig Schnee Adventstimmung vorgegaukelt, so zeigte sich die geliebte Stadt in trostlosem Grau. Ich sehnte mich nach der Insel.

Während der Abwesenheit des Stabsarztes war Leitner gezwungen, mit dem Feldwebel gemeinsam die Krankenstation zu führen. Riegler hatte auf seinen Urlaub verzichtet, für ihn bestünden in der Heimat keine Verpflichtungen. Dass solche auf der Insel bestehen, vermutete der Unterarzt als eigentlichen Grund, musste aber gewärtig sein, sich ähnlichem Verdacht durch die vorzeitige Rückkehr auszusetzen, die übrigens auch das Missvergnügen der Zusammenarbeit mit dem Feldwebel nur verlängern musste. Doch das wog auf einmal alles wenig.

Und eines Tages öffnete er die Türe zum kleinen Laden, hoffte, als vermeintlicher Souvenirkäufer dem Onkel nicht aufzufallen, falls er Teresa nicht oder nicht allein antreffen sollte. Im Inneren herrschte die vertraute Dämmerung, das Licht der eingeschalteten Hängelampe fiel auf den Tisch.

Jemand erhob sich im rückwärtigen Raum und erschien in der schmalen Tür, nur in Umrissen erkennbar und außerhalb des Lichtkegels – Teresa. Sie erkannte sofort, wer eingetreten war.

»Es ist nicht gut für uns zwei« – was galt es jetzt?

Was halfen Bedenken und kluge Vorsätze, was bedeuteten dunkle Ahnungen in diesem Augenblick.

Bevor der Arzt zum Sprechen kam, fasste ihn eine kleine Hand, zog ihn am Tisch vorbei durch die enge Tür ins helle Nebenzimmer.

„Wie heißt Du?«

»Hans.«

»Du musst jetzt wieder fort! Vielleicht hat jemand gesehen.«

»Kann ich Dich wieder sehen?«

»Hier nicht. Der Onkel ist oft da. Dopodomani, nel bosco dietro la casa.«

Sie deutete mit allen fünf Fingern der linken Hand, wie beim letzten Mal. Dann stellte sie sich auf die Zehenspitzen und sah ihm schelmisch in die Augen: »Dummer Hans!«

Sie sprach das »H« kroatisch aus, es klang fast wie »Chans«.

Nach einem langen Kuss schob sie ihn zur Türe hinaus.

Sie trafen einander, so oft sie konnten. Meist am Waldrand hinter dem Haus – so unheimlich war es dort gar nicht – und nur selten im Geschäft. Stets im Dunkeln, immer nur kurz.

Zwischen Küssen und Umarmen fanden sie trotzdem noch Zeit, miteinander zu sprechen. Meist Deutsch, da Hans' Italienisch auf starre Redewendungen beschränkt blieb, während Teresa ihre Sprachkenntnisse geschickter anzuwenden wusste. Oft überraschte sie auch mit Redewendungen, die, so nicht selbst gebraucht, sie doch einmal gehört haben musste.

Natürlich wussten sie sehr bald von einander das Alter: Hans sechsundzwanzig, Teresa siebzehn Jahre.

Hans erfuhr auch, dass Teresas Großmutter aus Graz stammte und bis zu ihrem Tod bei der Familie lebte, dass der Großvater in der alten österreichischen Kriegsmarine bis zum Linienschiffskapitän avancierte, schließlich, dass sie im Besitz eines alten österreichischen Offiziersadels, eigentlich »von« Racovich hießen. Es berührte Hans, wie eine junge Nichtösterreicherin das einfache Adelsprädikat für erwähnenswert hielt, das ihrer Familie von einem Land verliehen war, dessen Name derzeit ganz von der Landkarte gestrichen schien (nachdem sich viele an seiner Armut und Selbstzerfleischung geweidet hatten).

Der dunkle Schatten, der jetzt über der Familie lag, kam von der Sorge um Teresas Vater, Capitano di Corvetta bei der italienischen Kriegsmarine. Seit der Kapitulation hatten sie keine Nachricht mehr von ihm. Finanziell gerieten Mutter und

Tochter in Bedrängnis, sie waren auf des Vaters Bruder angewiesen und Frau Racovich machte kein Hehl aus ihren Bemühungen, so rasch wie möglich in ihre Heimatstadt Venedig zurückzukehren. Für Teresa bedeutete die Kapitulation das vorzeitige Ende der Schulausbildung, das Internat auf dem Festland war geschlossen worden. Sie besaß so auch keine Freundinnen auf der Insel.

Wochen vergingen, ungestört.

Mitte Feber mochte es sein, als von den beiden wieder einmal der Juwelierladen zum Stelldichein erkoren war. Der Onkel hatte Teresa gegenüber von einem Besuch bei Verwandten gesprochen.

Kaum war Hans eingetreten, erschien Teresa aufgeregt und deutete lebhaft nach rückwärts, aber zu spät – hinter Teresa tauchte der Onkel auf, erfasste mit einem Blick die Situation. Wenn er auch Hans nicht von Angesicht kannte, die Uniform ließ keinen Zweifel an der Person.

»Ah, der Herr Unterarzt! Mein Name ist Racovich. Ich bin der Onkel von Teresa.«

Und in schärferem Ton: »Sie sind Dr. Leitner?«

»Ja.« Hans wollte sich vorstellen, aber der Onkel schnitt ihm das Wort ab:

»Es ist unverantwortlich, dass Sie Teresa und die ganze Familie in Gefahr bringen. Wenn Sie sich selbst umbringen wollen, ist das Ihre Sache!«

Er sprach fließend Deutsch mit einem österreichisch-kroatischen Akzent. »Sie wissen ja, was die Widerstandsbewegung gedroht hat. Ich muss Sie bitten, Teresa und die ganze Familie in Ruhe zu lassen, vor allem das junge Mädchen nicht mehr zu belästigen!«

Hans suchte aufkommenden Zorn zu unterdrücken.

»Herr Racovich, Sie haben kein Recht, mit mir so zu sprechen! Ich habe mich immer bemüht, Ihre Familie und insbesondere Teresa nicht in Gefahr zu bringen. Was meine Beziehung zu Teresa betrifft, möchte ich Ihnen nur sagen, dass es mir ernst darum ist. Dass Hass und Dummheit die Welt regieren, dafür kann ich nichts.«

Er verbeugte sich vor Teresa, küsste ihr die Hand und verließ den Laden, ohne den Onkel mit einem Blick zu streifen.

Wochen vergingen, aber den Liebenden war es nicht möglich, einander zu sehen oder wenigstens einander Nachricht zu geben. Hans hoffte, Teresa irgendwo auf dem Weg zwischen Haus und Geschäft zu treffen, doch schien es, dass sie nicht mehr im Juwelierladen arbeiten durfte. Er suchte auch öfters die bewusste Stelle hinter dem Haus am Waldrand auf, aber wie konnte er erwarten, dass sich Teresa hierher ohne Verabredung begab!

Die Insel, auf der die Sanitätseinheit stationiert war, hat trotz der verhältnismäßig nördlichen Lage ein Klima, das dem eines weit südlicheren Breitengrads entspricht, weil sie, weit ins Meer vorgeschoben, von einer warmen Adriaströmung umflossen wird. Während Jänner und Feber auf der Insel eher durch Trockenheit gekennzeichnet sind, regnet es im März und April häufig.

Eines Tages, es ging ein Gewitterregen nieder, der Feldwebel war (wie so oft) abwesend, erschien überraschend Maria, der Hausgeist, in der Krankenstation, übergab Leitner ein Kuvert und verabschiedete sich schnell, nicht ohne ihm einen bedeutungsvollen Blick aus ihren dunklen Augen zuzuwerfen.

Auf der Briefkarte stand in Teresas steiler zierlicher Schrift: »Bitte komm heute in unser Haus, abend, wenn dunkel ist. Teresa.«

Er fand die Gartentür nicht geschlossen. An der Haustür erwartete ihn Teresa und führte ihn in ein kleines Zimmer, einen kleinen Salon mit Chippendale-Stühlen, um ein ovales Tischchen gruppiert. In zwei Eckvitrinen waren böhmisches und venezianisches Glas und Augartenporzellan zu bewundern. An der Wand blickte aus vergoldetem Rahmen eine modisch gekleidete Dame der K. k.-Zeit in steifer Würde auf das gegenüber hängende Bild eines österreichischen Marineoffiziers in martialischer Pose.

»Meine Großeltern«, Teresa lächelte. Bezaubernd sah sie aus in der weißen Bluse und dem engen schwarzen Rock. Eben wollte sie Hans erklären, wie die Einladung zustande kam, als eine schmale Tapetentür aufging und Frau Racovich ins Zimmer trat. Sie begrüßte Leitner sehr herzlich, erzählte in raschem Italienisch von ihrer Schulter, dass er kaum folgen konnte, und verabschiedete sich wieder nach kurzem Gespräch, nicht ohne für die Behandlung nochmals zu danken.

Auf dem Tisch stand eine Glasschale mit Konfekt. Teresa schenkte aus einer Karaffe Likör in zwei Gläschen ein.

»Arancia. Selbst gemacht«, bemerkte sie stolz. Die Gläschen waren hübsch anzuschauen, schienen aber Hans, was das Volumen betraf, etwas lächerlich.

»Cin Cin! Ich habe mit meiner Mama geredet und sie hat nach lange erlaubt, dass wir uns hie und da für kurz im Haus treffen, wenn dunkel ist. Der Onkel darf nicht wissen.«

»Was hat der Onkel gegen mich?«

»Er hat nichts gegen Dich. Er hat nur große Angst für uns alle, seit dem Mann.«

»Warum sollte ich eigentlich nicht in die Gärtnerei? Ist von dort der Mann gekommen?«

»Si.«

»Wie heißen die Leute?«

»Dubovic, wie unsere Maria. Sie ist mit ihnen verwandt. Aber Maria hält zu uns. Sie weiß von der Drohung, aber sie hat zu Mama gesagt: Das ist nicht so ernst. Sie hat auch mit ihr geredet, dass wir uns treffen können.«

»Weiß sie, dass ich aus Salzburg bin?«

»Si, si. Von den Dubovic.«

Hans horchte auf.

Noch zwei Gläschen von dem picksüßen Likör wurden geleert, bis Teresa Hans bat zu gehen. Zusammen schritten sie über die Stufen in die Diele hinunter. Bevor Teresa die Haustüre öffnete, löschte sie wegen der allgemeinen Verdunkelungspflicht das Licht.

Und das war das Signal.

Sie lagen einander in den Armen, küssten und küssten, das lang Entbehrte nachzuholen, und fanden nur deshalb ein Ende, weil im ersten Stock eine Tür geöffnet und wieder betont geschlossen wurde.

Teresa schob Hans in den Garten hinaus und drückte ihm noch schnell einen Kuss auf den Mund: »Dummer Hans!«

Mehrere Besuche verliefen so in der gleichen Weise, bis Teresa eines Abends Hans schon beim Eintreten zuflüsterte, der Onkel sei im Haus.

»Er will etwas von Dir und wir haben nicht gekonnt verheimlichen Deinen Besuch. Ich möchte mit der Sache nichts haben. Bitte sei vorsichtig, bitte!«

Statt der üblichen Begrüßung durch Teresas Mutter kam heute Herr Racovich in den kleinen Salon. Das helle Licht des venezianischen Glaslusters erlaubte, ihn näher zu betrachten. Untersetzt und kleiner als Teresas Mutter, wies ihn das Gesicht nicht als Italiener aus, eher als Kroaten oder Österreicher. Solche Gesichter sieht man in Agram oder Wien. Er begrüßte Leitner diesmal außerordentlich liebenswürdig und bat für die barschen Worte im Juwelierladen um Entschuldigung.

»Sie sind nur aus Sorge um die Familie gefallen, besonders um Teresa, für die auch ich verantwortlich bin. Sie wissen wahrscheinlich vom ungewissen Schicksal meines Bruders. Ich selbst bin wohl auch verheiratet, habe aber keine Kinder.«

Man setzte sich an den kleinen Tisch und Teresa verließ, nachdem sie eine Flasche Rotwein mit zwei Gläsern bereit gestellt hatte, das Zimmer.

Der Onkel goss ein.

»Cin Cin! Machen wir es kurz! Ich weiß, dass Sie ein guter Arzt sind. Ich glaube aber, dass Sie auch ein guter Mensch sind und jedem helfen wollen, egal, wer es ist.«

Hans wurde aufmerksam.

»Es geht um Folgendes: Leute von der Insel haben mich gebeten, Verbandszeug für die Freiheitskämpfer zu beschaffen. Sie haben viele Verwundete und wenig Verbandszeug. Können Sie helfen?«

Ärger und Ablehnung wallten in Hans auf.

Deshalb also die überraschende Freundlichkeit des Herrn Racovich. Seine – Hans' – Beziehung zu Teresa wurde auf einmal geduldet, er war interessant geworden.

Racovich bemerkte den aufkommenden Unmut. Er beeilte sich: »Ich bitte Sie vielmals. Glauben Sie, dass man auf der Insel nicht weiß, wie Sie zu unserer Familie stehen? Denken Sie doch an die Drohung, von der Ihnen Teresa erzählt hat! Denken Sie an Teresa!«

»Klingt das nicht ein wenig nach Erpressung?«

»Nein, das dürfen Sie nicht so sagen! Verstehen Sie doch, in was für Lage wir sind! Denken Sie, wenn alles verkehrt wäre, würden Sie da nicht genau so bitten wie ich?«

Und nach einer Weile des Schweigens: »Bitte helfen Sie! Es sind ja auch Menschen, verwundete arme Menschen! Menschen wie Sie und ich!«

Racovich hatte eine empfindliche Stelle getroffen. Er wusste, welche Saite er anschlagen musste.

Und richtig, Unmut und Ablehnung begannen zu schmelzen.

Zählte zu seiner Aufgabe die Entscheidung, wer hier im Recht war? Die Besatzungstruppe oder die Partisanen?

Doch – durfte er, konnte er Verbandsmaterial abtreten, ohne dass er es den eigenen, ihm anvertrauten Landsern wegnahm?

An Verbandszeug fehlte es nicht, er schadete sicher niemandem. Und er hatte oft genug gehört, wie bei überstürzten Rückzügen unzählige Kisten von Sanitätsmaterial verloren gingen. Würde es diesmal anders sein?

Neben diesen ärztlich-ethischen Überlegungen drängten sich andere Bedenken auf, seine eigene Person betreffend. Was, wenn die Angelegenheit entdeckt würde?

Er hatte auch von der Affäre eines Marinestabsarztes gehört. Irgendwie war durchgesickert, dass dieser Verbandsmaterial an die Widerstandsbewegung weiter gegeben, ja angeblich verkauft hatte. Merkwürdigerweise wurde er dann nur in einen anderen Hafen »strafversetzt«. Die Erklärung fand sich bald: Es handelte sich um eine in Zivil politisch hochgestellte Persönlichkeit. Ihm, dem Unterarzt Leitner, würde niemand helfen, Strafkompanie oder noch Schlimmeres erwarteten ihn sicher.

Trotzdem hörte er sich jetzt sprechen: »Gut, ich werde versuchen, Verbandsmaterial zu beschaffen, wie, weiß ich noch nicht. Es ist das alles auch mit erheblichem Risiko verbunden und Sie müssen mir Zeit geben.

Und noch eines: Wenn ich helfe, dann aus ärztlich-humanitären Gründen. Ein Geschäft darf daraus nicht werden, verstanden?«

Er stand auf und verabschiedete sich.

Teresa geleitete ihn zur Haustüre.

Sie flüsterte: »Bitte nicht tun wegen mir! Ich habe große Angst. Wenn gemerkt wird, per lo meno, Du musst weg von der Insel. Tu' lieber nicht!«

Sagte es und wusste doch, dass sie Hans sicher nicht mehr sehen durfte, wenn das Verbandsmaterial nicht beschafft werden konnte.

Sie umschlang Hans fest und küsste ihn.

Eine Türe im oberen Stock wurde geöffnet.

Am nächsten Morgen befielen Leitner Skrupel wegen seiner gestrigen raschen Zusage. Er war so ehrlich, sich einzugestehen, dass er, ohne Teresa zu kennen, nie zugesagt hätte. Wie gerne wollte er sich mit jemandem beraten! Ein dunkler Bodensatz blieb trotz aller Überlegungen, ließ sich trotz aller Versuche der Rechtfertigung nicht auflösen. Als Wichtigstes schien jetzt, die ganze Angelegenheit so schnell wie möglich hinter sich zu bringen.

Dass er nicht mit der Zustimmung des sonst so toleranten Stabsarztes rechnen konnte, wusste er von vornherein.

Der Tag brachte dann Überraschungen.

Gegen zwei Uhr nachmittags erschien aufgeregt ein Mädchen in der Krankenstation, das schon mehrmals Riegler besucht hatte. Der nahm es auch gleich beiseite und zog es in sein Zimmer. Es musste etwas Schlimmes geschehen sein, die Stimme des Mädchens drang laut bis in die Krankenstation, immer wieder von Weinen und Schluchzen unterbrochen. Der Feldwebel suchte zu beschwichtigen, sie sprachen kroatisch.

Kurz nachdem Ruhe eingetreten war, trat Riegler ins Dienstzimmer und bat Leitner um eine Unterredung.

»Ich bin gestern von der Familie dieses Mädchens um Medikamente für den erkrankten Großvater ersucht worden. Da ich die Familie gut kenne, habe ich den alten Mann besucht, dabei eine Grippe festgestellt und Aspirintabletten gegeben.«

Leitner wusste, dass sich Riegler im Sanitätsdienst beachtliche Erfahrungen angeeignet hatte, wie bei Verletzungen, eitrigen Prozessen und einfachen internen Erkrankungen, allerdings vorwiegend bei Soldaten, also jüngeren Menschen.

»Eben«, so der Feldwebel weiter, »hat das Mädchen die Nachricht gebracht, dass sich der Zustand des Großvaters trotz der Medikamente verschlechtert habe. Ich kann die Verantwortung nicht weiter übernehmen und muss Sie ersuchen, mit mir zum Kranken zu gehen.«

Seine Bitte klang wie ein Befehl, als er noch hinzufügte, man wäre zur Hilfeleistung verpflichtet: »Die Familie hat schon mehrfach der Krankenstation wertvolle Dienste erwiesen.«

Widerwillig und schweigend hörte der Unterarzt zu. Er erkundigte sich: »Was sind das für Leute?«

»Sie haben eine Gärtnerei.«

Leitner stutzte. Er sah sofort Teresas Brief vor sich: »Bitte gehen Sie nicht in Gärtnerei! Und er hörte ihr »Si« auf seine Frage, ob der »Mann von der Insel« von dort gekommen sei.

Sollte der Zufall . . .

Wie beiläufig fuhr er fort: »Und wie heißen die Leute?«

»Dubovic.«

Also – das Stichwort war gefallen.

Dubovic, so hießen nach Teresa die Leute der Gärtnerei, vor der sie ihn gewarnt hatte und von der ja auch der »Mann mit der Partisanendrohung« gekommen war.

Und mit diesen Dubovic war Riegler ein Herz und eine Seele.

Der Feldwebel selbst hatte den Namen genannt, ohne zu ahnen, dass er damit den Verdachtskreis schloss. Der Umstand, dass der »Mann von der Insel« Hans' Heimatort kannte, wies von Anbeginn auf eine Verbindung zur Krankenstation. Möglicherweise ging die Einschüchterung mit der »Partisanendrohung« von Riegler aus, weil er Konkurrenz fürchtete. Wurde doch gemunkelt, er betreibe eine Art Privatpraxis.

Der Unterarzt sah die Gelegenheit gekommen, der Zeitpunkt schien günstig.

»Gut, ich gehe mit Ihnen zu dem Kranken und ich gehe nur, weil es meine ärztliche Pflicht verlangt; auch weil ich das Vertrauen nicht enttäuschen möchte, das Menschen selbst in den Arzt einer fremden Besatzungsmacht setzen. Aber Sie wissen genau, dass Sie zu keiner eigenständigen Behandlung berechtigt sind, weder innerhalb noch außerhalb der Truppe.«

Feldwebel Riegler wurde unsicher und zog es vor zu schweigen.

Leitner setzte zum Lanzenstoß an: »Übrigens – ist Ihnen bekannt, ob ein Mann aus dieser Gärtnerfamilie zu Herrn Racovich kam, ihn mit einer »Partisanendrohung« einzuschüchtern?«

Und weiter, als sich Riegler erstaunt gab: »Sie müssen zumindest mit ihm gesprochen haben, auch über mich. Denn es wurde bei der Drohung mein Heimatort erwähnt und den kannten nur Sie und der Stabsarzt.«

Der Feldwebel konnte jetzt nicht mehr leugnen, er suchte sich aus der Affäre zu ziehen: »Ja, es ist richtig, ich habe mit dem Mann gesprochen, doch vor allem um Sie zu warnen. Er sollte mit der Drohung auch Sie schützen!«

Leitner ließ sich nicht beirren.

»Ist das der normale Dienstweg, Warnungen weiterzugeben, Herr Feldwebel Riegler aus Salzburg?«

Dass dieser ebenfalls aus Salzburg stammte, hatte er inzwischen den Dienstpapieren während der Abwesenheit des Chefs entnommen.

Riegler lief rot an.

Leitner wollte das Spiel nicht zu weit treiben: »Also nehmen wir zwei Spritzen, je eine Ampulle Prontosil und Campher, und machen wir uns auf den Weg!«

Sie benützten den »Sanka« (Sanitätskraftwagen), die Gärtnerei befand sich im nächsten Ort.

Der Arzt wurde zu einem hageren, schon deutlich geschwächten Mann von etwa siebzig Jahren geführt, der ganz allein in einer engen Kammer im altmodischen Doppelbett lag. Die Untersuchung ließ bald erkennen, dass eine beginnende Lungenentzündung die Verschlechterung herbei geführt hatte, wie sie bei Grippe und älteren Menschen auftritt. Riegler übersetzte ins Kroatische, da niemand in der Familie Deutsch verstand.

»Bitte sagen Sie Ihren Bekannten, dass wir alles tun werden, dem Kranken zu helfen, dass es sich aber um eine gefährliche Komplikation handelt.«

Bei Überlegung und Entwicklung der weiteren Behandlung ließ der Arzt Riegler weitgehende Freiheit, wie er sich überhaupt bestrebt zeigte, den Anlass für eine Besserung des gegenseitigen Verhältnisses denn als Triumph zu nützen.

»Sie wissen ja, der Zweite hat's immer leichter.«

Beim Verabschieden betonte Leitner den Angehörigen gegenüber nochmals, der Kranke befinde sich in besten Händen, er selbst komme am nächsten Tag wieder.

Der Feldwebel kehrte erst spät, kurz vor Mitternacht, in die Krankenstation zurück. Leitner war noch auf, er wartete. Riegler, der versucht hatte, den Tag in Rotwein zu ertränken, wollte sich schnell in sein Zimmer verdrücken, Leitner trat ihm im Gang entgegen und hielt ihn fest.

»Riegler, jetzt sagen Sie ehrlich: Hat es diese Drohung wirklich gegeben, ist sie tatsächlich von den Partisanen ausgegangen? Oder – haben S i e die Drohung erfunden und den Mann zu Racovich geschickt?«

Riegler, schon im Kampf mit dem Gleichgewicht, befand sich in jenem bekannten Stadium der »Veritas«, in dem streng Gehütetes nur allzu oft preis gegeben wird, selbst wenn es zum eigenen Nachteil gereicht.

»Ja, ich habe diese Drohung erfunden. Aber es tut mir jetzt leid, Sie sind ein klasser Bursche, Doktor!«

»Dann bringen Sie bitte die Sache in Ordnung, und zwar gleich morgen! Dieser Dubovic soll morgen zu Herrn Racovich gehen und«, seine Stimme bekam ein schärferen Klang, »die ganze Angelegenheit bereinigen! Verstanden?«

»Jawohl, Herr Unterarzt!«

»Also, gute Nacht!“ Leitner reichte Riegler die Hand und zog sich auf sein Zimmer zurück.

Als am Nachmittag des nächsten Tages, es ging dem Großvater bereits etwas besser, beide gemeinsam vom Krankenbesuch zum Sanka zurückkehrten, den sie diesmal vor der Kirche abgestellt hatten, erklärte Riegler die »Angelegenheit« für in Ordnung gebracht. Nochmals bat er um Entschuldigung und dankte für die Schützenhilfe bei der Gärtnerfamilie.

Eine kräftige Frühlingssonne wärmte die engen Gässchen auf, in den Hausgärten begannen die Rosen zu blühen.

»Vier bis sechs Wochen früher als bei uns!« bemerkte Riegler. Eine versöhnliche Stimmung kam auf, die Auseinandersetzung hatte zu einer gewissen Überlegenheit des Unterarztes geführt.

Leitner erkannte schnell, dass er die Situation jetzt nutzen musste, wenn er die leidige Verbandszeug-Affäre hinter sich bringen wollte, die er nur mit Riegler zusammen lösen konnte.

»Wissen Sie, Riegler, das mit der Drohung des Dubovic war ja mehr oder minder noch ein Scherz. Aber der Ernst kommt erst!«

Er hielt inne und sah den Feldwebel bedeutungsvoll an.

»Wie weit wurde diese erfundene Drohung dazu benützt, um Racovich, den eingeschüchterten Onkel von Teresa, aufzufordern, von mir Verbandsmaterial für die Partisanen zu verlangen?

Und das geschah – vor zwei Tagen!«

Riegler hatte mit einem solchen Kontakt zur Familie Racovich nicht mehr gerechnet. Dass sich der Unterarzt hie und da heimlich mit Teresa traf, war ihm zugetragen worden, aber eben nur heimlich, ohne Wissen der Familie.

Die Angelegenheit wurde unangenehm.

Und er begriff, dass er jetzt mit dem Doktor in einem Boot saß.

»Ich muss sofort mit den Dubovic sprechen, was da eigentlich gespielt wird!«

Er verabschiedete sich kurz und eilte zur Gärtnerei zurück.

Als er in der Krankenstation wieder den Arzt traf, schien er zunächst bedrückt.

»Ja, es stimmt, man ist an die Dubovic herangetreten und die haben sich über den eingeschüchterten Racovich an Sie gewendet, weil sie geglaubt haben, Sie könnten leichter den Befehl zur Herausgabe von Verbandsmaterial geben.

Wenigstens weiß ich jetzt, was und wie viel die Burschen brauchen.«

Die letzten Worte klangen nach Einverständnis.

Er baute sich in militärischer Imponierstellung vor dem Unterarzt auf und fuhr in wiedergewonnenem breitspurigen Ton fort: »Doktor, wir werden den »Schwein« schon schlachten, auch wenn er noch so quietscht!«

Er hatte bei seiner Gärtnerfamilie sicher nicht aus kleinen Likörgläschen getrunken.

Die folgenden Tage wurden durch zwei Ereignisse bestimmt: Zunächst durch einen besonders liebenswürdigen Brief, in dem Leitner von Teresas Onkel zu einem Abendessen im Hause Racovich eingeladen wurde, natürlich von Maria überbracht.

Dann durch die zahlreichen Überlegungen und Vorbereitungen rund um das Verbandsmaterial. Die Beschaffung bereitete keine Schwierigkeiten. Die Krankenstation verfügte über einen »schwarzen« Bestand, wie der Feldwebel gewichtig dem Unterarzt mitteilte. Schwieriger schien der Transport.

Die Kontakte liefen jetzt nur über die Dubovic. Das Verbandsmaterial sollte in einer Bucht der Nachbarinsel abgestellt werden.

Leitner und Riegler suchten auf der Landkarte.

»Hier!«, der Arzt zeigte auf eine der vielen Buchten an der Ostküste. »Angeblich führt von einem kleinen Ort, etwa zehn Kilometer nach der Inselbrücke, ein Fahrweg in die Bucht.«

»Ja«, Leitner fuhr mit dem Finger über die Karte, »eine Verbindung zum Meer ist eingezeichnet, sogar als Straße.«

Von vornherein stand fest, dass sich für den Transport nur der geschlossene Sanka eignete, aber alle Überlegungen, einen glaubwürdigen Grund für die Fahrt zumindest in die Nähe der Bucht zu finden, blieben ergebnislos.

»Man« wusste Rat.

An einem der nächsten Vormittage kam eine Frau in die Krankenstation. Da sie dringend um ärztliche Hilfe für eine Verwandte in St. J. bat, wurde sie zum Unterarzt ins Dienstzimmer geführt. Leitner erkannte in der Frau die Mutter von Rieglers Mädchen und verstand sofort: St. J. lag wohl nicht in der Nähe der Bucht, aber doch ein gutes Stück Weg dahin.

Er verständigte schnell den Feldwebel, der sich an den Stabsarzt wandte, damit dieser, wie erhofft, Leitner mit der Durchführung betraue.

»Ich glaube, Sie haben ja in dieser Hinsicht schon Erfahrung«, konnte sich der Chef nicht verkneifen, »und Sie, Riegler, fahren auf alle Fälle mit!«

Riegler: »Wir würden gerne den Sanka haben, er ist geschlossen und sicherer.«

»Von mir aus! Aber wenn ihr in drei Stunden nicht zurück seid, schlage ich Alarm!«

Sehr wohl fühlten sie sich nicht, die beiden, von Karte und Planung in die Wirklichkeit gestoßen. Das Bewusstwerden des ganzen Risikos fiel Zentner schwer auf sie, in der Bucht schutzlos feindlichen Angriffen ausgeliefert zu sein. Und drei Stunden für das Unternehmen waren knapp, sehr knapp. Hohe Geschwindigkeiten konnte man von dem alten Wagen nicht erwarten, die aber wären notwendig gewesen, den Zeitverlust von Kurven und Engstellen auszugleichen.

Riegler versuchte es wettzumachen, indem er die erreichbare Höchstgeschwindigkeit überall und immer beibehielt, ungeachtet gefährlicher Passagen, ungeachtet des Gegenverkehrs. Bremsen wurden zu Notbremsen, Reifen zu Radiergummi und die Fahrt auf der winkeligen Inselstraße zum Nervenkitzel.

Ohne Aufenthalt verlief die Kontrolle an der Brücke zur Nachbarinsel, sie wurden weitergewunken. Doch die anschließende Steigung kostete dann wieder so viel Zeit, dass sie mit halbstündiger Verspätung den kleinen Ort erreichten.

Vor der Kirche bogen sie, der Landkarte folgend, von der Hauptstraße nach rechts ab, standen aber nach kurzem auf einem kleinen Platz, wussten nicht weiter, spürten nur, sie bewegten sich bereits auf Partisanengebiet. Zwei Gassen öffneten sich zwischen den einfachen einstöckigen Häusern, niemand zu sehen, der Ort wie ausgestorben.

Misstrauisch musterte Riegler die geschlossenen Fensterläden.

»Die hocken doch sicher dahinter und beobachten uns!«

Leitner betrachtete aufmerksam Platz und Häuser, plötzlich zeigte er nach vorne, auf das Straßenpflaster vor ihnen: »Da!«

Bei genauem Hinsehen war ein mit hellen Steinen ausgelegter Pfeil zu erkennen, dessen Spitze auf die rechte der beiden weiterführenden Gassen wies.

Sie blickten einander an: »Alsdann!«

Die Gasse endete schon nach wenigen Häusern und ging in einen holprigen Fahrweg über, gesäumt von hohen Steinmauern.

Der Feldwebel stieß den Arzt in die Seite: »Ham' Sie's gehört?«

Auch er hatte ihn gehört, den feinen klingenden Ton, der von einer Glocke herrühren mochte, die leise, ganz leise angeschlagen wurde. Er kam von rückwärts aus dem Dorf, wahrscheinlich von der Kirche her.

Und noch ein zweites Mal.

»Wir sind angemeldet!«

Sie mussten auf alles gefasst sein, während sie jetzt durch die hohle Gasse zwischen den grob geschlichteten Steinmauern dahinrumpelten, die so hoch waren, dass man nur dort dahinter schauen konnte, wo sie durch die »Lesa«, das krummholzige Einlassgatter zur Weide, unterbrochen wurden.

Eine gute Viertelstunde dauerte das Holpern über die auf der Karte eingezeichnete »Straße«, ohne dass sich etwas Besonderes ereignet hätte und ohne dass, Gott sei Dank, ein

Defekt am Wagen, ein gefürchteter Achs- oder Federbruch eingetreten wäre, als unvermittelt die Steinmauern endeten und einen kleinen Platz frei gaben.

Sie hielten.

Unten lag das Meer.

Ein schmaler Fahrweg führte weiter, lief eine Felswand entlang steil abwärts, vermutlich in die Bucht hinunter, die sie wegen einer vorspringenden Felsnase nicht einsehen konnten.

»Ob wir da heil hinunterkommen, mit unserem alten Kobel?«

»Runter schon, aber – ob auch wieder rauf?«

Und dann nochmals Riegler: »Hoffentlich brauchen die Burschen kein Sanitätspersonal!«

Für langes Beratschlagen blieb keine Zeit.

Leitner: »Was meinen Sie, Riegler? Sollen wir's versuchen?«

Riegler gefiel sich in Mutparolen. Grund, einander Mut zu machen, bestand genug. Wenn da unten eine Falle auf sie wartete, dann Gnade Gott!

Mit dem niedrigsten Gang, mit Fuß- und Handbremse, ging es in die Tiefe und je weiter sie abwärts kamen, desto wilder wurde die Szenerie. Die Dubovic hatten schon von »Wüste« und »vielen Steinen« gesprochen, aber das hier erinnerte an eine Alpenschlucht und war doch anders, kahler, abweisender, feindlicher.

Nach und nach ließ sich die ganze Bucht überblicken. Tief in die Felsen eingeschnitten, besaß sie nur am inneren Ende einen schmalen Sandstrand. Zwei schüttere Tamarisken fristeten hier ihr Dasein, sonst keine Spur von Grün oder Leben zu erkennen. Senkrecht stürzte die Felswand gegenüber ins Meer, das an ihrem Fuß zwei Grotten ausgewaschen hatte, durch die der Wellen Gischt ein- und ausströmte.

Die unangenehme Überraschung erwartete sie aber erst.

Wie sie schon, tief in der Bucht, um einen Felsvorsprung herumkamen, stand da vor ihnen, nicht weit entfernt, ein kleines Haus aus Stein. Oberhalb der Spitzkehre, die jetzt zum Sandstrand hinunter führte, konnte es die ganze Bucht überwachen. Eine Fischerhütte? Im Frieden vielleicht. Das Haus im Rücken, zwang sie noch dazu die Spitzkehre, den Wagen mehrfach zurückzusetzen. Bei der Gefahr eines Überfalls, wie hier ohne jede eigene Chance, war es das Beste, nicht hinzuschauen, zu handeln, als ob das Haus nicht existiere. Ein archaischer Instinktverstand gebot, Ruhe, Haltung und Überlegenheit zu zeigen.

Riegler bestand darauf, den Sanka sofort zu wenden. Auf dem schmalen Sandstreifen wurde das Reversieren zum zeitraubenden Manöver und Beobachter hätten darin, weil vor dem Ausladen, einen Fluchtversuch sehen können, wenn nicht alle Bewegungen mit betonter Gelassenheit erfolgt wären.

In militärischer Ordnung stapelten sie Kiste auf Kiste, Schachtel auf Schachtel und machten sich auf den Rückweg.

Er begann ohne Schwierigkeiten, selbst die Spitzkehre ließ sich jetzt, bergauf, besser bewältigen.

Dann kam das Steilstück und – noch gar nicht weit von dem Haus entfernt – blieb der Wagen, wie im Stillen schon befürchtet, stehen. Er streikte. Leitner sprang nervös aus dem Auto und versuchte anzuschieben. Das Gelingen, greifbar nahe, schien in Frage gestellt, die Beherrschung der beiden am Ende. So sehr sich auch der Arzt gegen das Heck stemmte und Riegler den Gashebel bearbeitete, der alte Sanka fuhr stets nur ein paar Meter und bockte von neuem. Der Motor versagte, er »derpackte« einfach nicht die Steigung – und die Nervosität wuchs.

Endlich, nach vielem »Antauchen« und Motorjaulen, besann sich der alte Sanka und begann, zunächst ruckend, dann allmählich mit gleichmäßig wieder kehrender Kraft anzufahren. Leitner, der dem Wagen nachlaufen musste, warf beim Aufspringen einen Blick zum Haus zurück: Tatsächlich – dort stand ein Mann und schaute ihnen zu.

»Da steht ja einer!«

Riegler: »Den seh' ich schon lang im Rückspiegel!«

»Aber was jetzt aus dem Haus herausquillt! Es ist kaum zu glauben! Die müssen g'schlichtet g'wesen sein wie die Heringe!«

Der Wagen gewann an Geschwindigkeit und als sie um den nächsten Felsvorsprung bogen, war das Haus mitsamt dem Spuk verschwunden.

Vom weiteren Rückweg gibt es nicht viel zu berichten. Erleichtert atmeten beide erst auf, als sie wieder Asphalt unter den Rädern hatten und in eiligem Tempo davon fuhren.

»Wurde damals mit Racovich irgend eine Gegenleistung oder Bezahlung ausgemacht?« erkundigte sich Riegler während der Fahrt.

»Nein! Ich habe zur Bedingung gemacht, dass es kein Geschäft wird.«

Der Feldwebel nach einer Weile: »Und trotzdem haben sie uns in der Hand. Sie brauchen uns nur zu drohen, dass sie uns bei einer Dienststelle verpfeifen. Hoffentlich werden die Burschen nicht unverschämt!«

Die Erleichterung über das Gelingen war gestört.

Nach der Rückkehr meldeten sie sich beim Stabsarzt, der, Gott sei Dank, nicht viele Fragen stellte. Als beide das Zimmer verlassen wollten, hielt er den Unterarzt zurück. Er zeigte sich über das gebesserte Verhältnis zum Feldwebel erfreut, fuhr jedoch dann in ernstem Ton fort:

»Kollege, ich möchte Ihnen noch etwas sagen. Sind Sie bitte vorsichtig im Umgang mit hiesigen Familien – und seien diese noch so nett. Sie werden nicht nur von der Bevölkerung, sondern auch von den eigenen Leuten beobachtet. Und das kann Konsequenzen nach sich ziehen.

Ich habe es dem Riegler schon einige Male gesagt und ich muss es auch Ihnen sagen, gerade Ihnen als Kollegen: Sie sind jung und, soviel ich weiß, auch ungebunden. Nichts einzuwenden gegen Besuche und Kennenlernen, aber wir leben hier nicht als Gäste. Seien Sie bitte zurückhaltend, seien Sie bitte vorsichtig! Sie können da in Dinge verwickelt werden, wo ich nicht zu helfen vermag. Ich verfüge über keine hohen Beziehungen, vor allem keine solchen – Sie wissen schon. Ich war immer nur Arzt und sonst nichts . . .«

Trotz der warnenden Worte hielt es Leitner jetzt für richtig, dem Chef von der Einladung zu Racovich, die für diesen Abend erfolgt war, zu berichten.

»Sie gehen doch nicht etwa nur wegen der dankbaren Patientin hin«, meinte er lächelnd.

Der Unterarzt wurde rot.

Hatte Riegler geplaudert? Oder hatte der Chef noch andere Quellen?

»Na, es war ja nicht so gemeint«, lenkte der Stabsarzt ein, »bitte seien Sie aber vorsichtig!«

Er reichte ihm die Hand.

Besorgt sah er ihm nach.

Tagebuch

6. Mai 1944

Der heutige Tag brachte Erfolg und Enttäuschungen.

Die kleinere: Während des Abendessens bei Familie Racovich, meiner ersten »offiziellen« Einladung, fand ich kaum Gelegenheit, mich mit Teresa oder ihrer Mutter näher zu unterhalten, weil mich der Onkel von Anfang an und immer wieder ins Gespräch zog.

An der Haustüre von Maria empfangen übergab ich ein Päckchen mit Konserven als Mitbringsel für die Küche und wurde, zwei große Rosensträuße (von Dubovic) in der Hand, in den ersten Stock, heute in ein anderes, geräumiges Zimmer geführt. Vorhänge und Stores konnten nur unvollkommen das hässliche Schwarz der Verdunkelungsrollos an den Fenstern verdecken, auch wirkte der Raum durch die hellen Wände wie die dunklen strengen Möbel etwas ungemütlich: Ein festlich gedeckter Tisch mit hochlehnigen steifen Stühlen in der Mitte, eine Schrank ähnliche antike Truhe an der Längswand und zwei Vitrinen in den Ecken. Venezianischer Glasluster und entsprechende Wandappliken verstärkten den italienischen Gesamteindruck.

Zur Begrüßung erschien der Onkel. Nach erstem Austausch von Höflichkeiten, welchen auf der Insel große Bedeutung beigemessen wird, lenkte ich das Gespräch auf das schöne Stück an der Längswand. »Das ist eine Florentiner Kredenz, Credenzone. Ob es wirklich aus der Renaissance stammt oder später gemacht wurde, weiß ich nicht. Credenzone war und ist in Italien sehr beliebt.«

Er wurde unterbrochen, die Damen erschienen, zuerst Frau Racovich, groß, schlank, gepflegt. Wieder war ich, als sie ins Zimmer trat, von der Eleganz, fast möchte ich sagen, von der Grandezza überrascht, die von ihrem Auftreten, ihrer Sprache, von jeder Bewegung ausgeht. Wie vieler Generationen bedarf es, dass solche Eleganz, solche anmutige Würde erreicht wird. Lächelnd nahm sie meinen bewundernden Blick entgegen wie den Strauß mit den rosafarbenen Rosen, während ich den anderen Strauß, die Fackel der blutroten Rosen, Teresa, meiner Teresa, bot, die ich am liebsten an mich gerissen hätte und der ich jetzt nur wie der Mutter artig die Hand küssen durfte.

Ich weiß, ich beginne schon wieder zu schwärmen. Hier am Mittelmeer lässt alles seinen Gefühlen freien Lauf, bringt sie, vielleicht bisweilen überhöht, zum Ausdruck, man küsst, umarmt einander, schwärmt und schwelgt in Worten. Bei uns, nördlich der Alpen, gibt man sich nur kühl, distanziert und verurteilt alle und alles andere als süßlich, schwulstig oder gar unecht. Und doch wurde auch bei uns einmal geschwärmt, selbst im »gehobenen« Schrifttum, und das nicht gerade an einem Tiefpunkt unserer literarischen Vergangenheit.

Bei Tisch erhielt ich meinen Platz zwischen den Damen, aber der Onkel verwickelte mich in ein nicht enden wollendes Gespräch, als dessen Hauptziel unschwer die Erkundigung nach Elternhaus, Besitz und bisheriger Tätigkeit zu erkennen war.

Mit Frau Racovich gelang es nur wenige Worte zu wechseln, über Fragen nach ihrem Befinden kam ich nicht hinaus.

Und Teresa, meine Teresa – sie saß neben mir, stumme Zuhörerin, und wusste, wie ich, das stille Glück zu genießen, dass wir, von der Familie anerkannt, so eng, so nahe beisammen sitzen durften.

Im weiteren Verlauf des Gespräches wollte der Onkel von mir wissen, ob Salzburg schon bombardiert wurde, auch welche Stimmung allgemein in Österreich herrsche. Das Gespräch nahm immer mehr politischen Charakter an, worauf wollte der Onkel hinaus? Mir schien Vorsicht geboten.

»Dass Menschen einander quälen und töten, halte ich für eine der fatalsten Folgen der Erbsünde und ich bin froh, als Arzt nicht mitmachen zu müssen.«

Racovich wechselte das Thema und ging auf Zukunftspläne ein. Jetzt merkte ich, wie auch Teresa interessiert aufhorchte. Ich wies darauf hin, dass alles vom Ende des Krieges abhänge. Auf alle Fälle müsste ich meine ärztliche Ausbildung in einem Krankenhaus noch vervollkommnen, am besten natürlich in Salzburg.

Ich blieb nicht lange nach dem Essen, das nicht nur in Anbetracht der augenblicklichen Verhältnisse als vorzüglich bezeichnet werden muss, bedankte mich herzlich bei der Signora, die vom Gespräch ausgeschlossen, mit höflichem Lächeln und stiller Würde ihre Stellung als Dame des Hauses gewahrt hatte, verabschiedete mich von Herrn Racovich und wurde – Gott sei Dank – von Teresa hinausgeleitet.

Sie begleitete mich in den Garten.

»Wieso spricht der Onkel so gut Deutsch?«

»Er hat als Kind so wie mein Vater mit den Großeltern in Graz gelebt und dort die erste Schule gemacht. Sie sind erst dann in das alte Familienhaus hier, das Kapitänshaus, gegangen. Du kennst ja die Piastrella – wie sagt man Deutsch?«

»Meinst Du die Kachel an der Hausfront?«

»Si, Kachel. Alle waren Kapitäne.«

Ich kenne die Kachel: Auf dunkelblauem Meer, das zwei Drittel der Fläche einnimmt, ist ein altes hölzernes Schiff dargestellt, die Segel im Wind gebläht, die zahlreichen Ruder ins Wasser gesenkt. Am Horizont ragen die Felstürme einer Insel auf, Vogelsilhouetten beleben den Himmel und wenn die Kachel auch keine Meisterhand verrät, die Darstellung des Schiffes ist recht gut gelungen.

Mir schien jetzt nicht der richtige Augenblick, von der Warnung des Stabsarztes zu berichten, ich zögerte. Als mich dann aber Teresa im Namen ihrer Mutter für übermorgen zum Fünf-Uhr-Tee einlud, war ich gezwungen, ihr davon zu erzählen. Jetzt, im Frühling, ist es zu dieser Stunde zu hell und ich würde vor aller Augen das Haus betreten.

Teresa zeigte sich betroffen.

Sie hatte gehofft, das Versteckspiel könne jetzt endlich aufhören, gehofft, dass ich nicht mehr in der Dunkelheit wie ein Verfemter ins Haus schleichen müsste.

Nach einer Weile, und man ließ uns heute gewähren, keine Tür, kein Fenster wurde bewegt, fragte Teresa leise: »Weiß Dein Stabsarzt, dass Du bei uns bist?«

»Ja, ich habe es ihm gesagt, obwohl er mich vorher gewarnt hat. Was ist denn das für eine scheußliche Welt, die zwei Menschen das Recht nehmen will, einander zu lieben und zu gehören!« Es ist ein altes und böses Rezept der Mächtigen, trennende Gräben zwischen Menschen zu ziehen.

Teresa: »Wenn es für Dich so gefährlich ist, sollen wir nicht alles lassen?«

Statt einer Antwort nahm ich sie in meine Arme und schloss ihren Mund mit einem langen Kuss.

»Es ist traurig, aber wir müssen uns in Acht nehmen, auch vor meinen eigenen Leuten!«

Ein starker, süßer Duft lag über dem Garten, fast zu süß.

Teresa: »Das ist von den Blüten von Orangen.«

Sie entzog sich der Umarmung:

»Ich weiß, ich gebe Dir den Schlüssel von anderer Tür. Diese ist hinten in der Mauer am Wald. Da wirst Du nicht gesehen. Wir brauchen diesen Schlüssel nie.«

Teresa ging ins Haus zurück. Es währte eine Zeit, bis sie mit dem Schlüssel kam. Maria hatte ihn erst suchen müssen.

»Mama hat gesagt, wir sollen Schluss machen.«

Und es dauerte doch noch lange, bis Schluss wurde mit Küssen und Umarmen. Aber wann dürfen wir uns endlich als Paar in aller Öffentlichkeit zeigen, wann endlich unsere Liebe vor aller Welt bekennen?

Es bleibt die größte Enttäuschung dieses Tages.

Tagebuch

10. Mai 1944

Der Frühling auf der Insel hat seinen Höhepunkt erreicht.

Nicht in den Gärten.

Hier haben die Rosen nur den Reigen eines nicht enden wollenden Blühens eröffnet. Oleander und Boungainville rüsten erst zum Wettstreit um den Preis der schönsten Farbe und alle anderen warten überhaupt noch auf ihren Auftritt.

Doch draußen, außerhalb der Stadt, feiert die Macchie ihre Hochzeit: Von der Blumenesche der weiße Kranz, von tausend Eichenblüten der helle Schleier, von hundert Cistrosen der rote Hochzeitsstrauß.

Und als wir wieder einmal nachts im Garten standen und uns nicht trennen konnten, horchte Teresa plötzlich auf:

»Usignolo!«

Der schluchzende Gesang der Nachtigall ist jetzt oft auch am Tag zu hören.

Das Verhältnis des Stabsarztes zu Leitner war, wie schon früher erwähnt, von väterlichen Gefühlen geprägt, zunehmend auch von Achtung vor dem Wissen des jungen Kollegen und seinem ärztlichen Einsatz. Leitner zeigte sich für die berufliche Freiheit, die ihm der Chef gewährte, dankbar, lehnte hingegen die väterliche Obsorge in privaten Angelegenheiten als Bevormundung ab. Der alte Stabsarzt hatte schnell die Diskrepanz zwischen dem beruflichen Können einerseits und der Lebensunerfahrenheit, ja Naivität in emotionellen Bereichen andererseits erkannt, fürchtete für den schwärmerisch Veranlagten.

Seit seiner Ankunft spielte Hans mit dem Gedanken, es reizte ihn, die höchste Erhebung der Insel zu besteigen, den Berg, den Riegler Zwerg-Fudschijama zu nennen pflegte, weil er im Abendhimmel da stehen konnte wie das bekannte heilige Symbol der Japaner. Jetzt, im Hochgefühl von Frühling und Liebe, nahm der alte Wunsch erneut Gestalt an.

Aber jedes Abseits, jeder Abstecher von der Straße war partisanengefährdet und streng verboten. Selbst Riegler, dem er seine Absicht andeutete, mahnte zur Vorsicht. Doch wie lässt sich ein Träumer von solchen Vorhaben abbringen, noch dazu in dieser Hochstimmung?

Auch Teresa erschrak, als ihr Hans seinen geheimen Wunsch verriet. In einer traditionsreichen Kapitänsfamilie steht Gehen, geschweige denn Wandern oder gar Bergsteigen in keinem hohen Ansehen, auch schien ihr zweifelhaft, ob sie in dieser unsicheren Zeit von zu Hause Erlaubnis erhielte.

Hans begann bereits resigniert seinen Plan wenn nicht aufzugeben, so doch auf später zu verschieben, als unerwartet Maria, die Racovich'sche Haushälterin, mit einer Bitte an ihn herantrat: Die Nichte in einem weiter entfernten Ort sei seit Tagen mit Fieber erkrankt und kein Arzt erreichbar. Ob er helfen könne?

Die Bitte kam gelegen, sehr sogar, denn er hatte auf der Karte herausgefunden, dass von dieser Seite aus die Besteigung am leichtesten möglich war. Er willigte deshalb auch sofort ein und schlug vor, gleich am nächsten Vormittag mit Maria zusammen zur Kranken zu fahren. Nebenbei, und er sah Maria bedeutungsvoll an, ließ er anklingen, ob nicht Teresa mitkommen könnte.

Frau Racovich zögerte, zu sehr fürchtete sie angesichts der angespannten Lage das Verlassen der Stadt und erst auf das beteuernde Versprechen Marias hin, persönlich für die Sicherheit Teresas zu sorgen, gab sie schließlich doch nach.

Damit die beiden während der Fahrt ungesehen blieben, wollte Hans um den geschlossenen Sanka bitten, für das unbemerkte Zusteigen wusste Maria eine geeignete Stelle.

Wie erwartet, wurde die letzte Hürde die schwierigste. Der Stabsarzt wollte und wollte nicht zustimmen und es bedurfte der ganzen Überredungskunst, ihn von der Ungefährlichkeit der Fahrt zu überzeugen. Leitner bat dann noch um Erlaubnis, die Tante der Erkrankten mitzunehmen.

»Wer ist das?«

»Die Haushälterin der Familie Racovich.«

»Meinetwegen«, brummte der Stabsarzt und zog sich auf sein Zimmer zurück, Zusammenhänge ahnend.

Zuerst lief alles nach Wunsch.

Die Untersuchung der jungen Nichte brachte ohne Schwierigkeit die Diagnose fieberhafte Angina, und Medikamente hatte Leitner mitgebracht. Er gab noch Anweisungen, ersuchte dann, ihn durch Maria über den weiteren Verlauf zu unterrichten, da kaum Bewilligung für den sonst üblichen Kontrollbesuch zu erhoffen war.

Maria wollte bei ihren Verwandten bleiben, weil sich eine

Rückfahrmöglichkeit für den nächsten Tag gefunden hatte, und so ergab es sich, dass Hans und Teresa allein und frei waren.

Die Zeit drängte, sollte das stabsärztliche Misstrauen nicht noch vermehrt werden. Hans, der den Gedanken an eine Gipfelbesteigung aufgeben musste, versuchte nun mit dem Auto so weit wie möglich bergauf zu kommen. So saßen die beiden vorne im Führerhaus, eng aneinander geschmiegt, und der alte Sanka, der andere Fracht gewohnt war, freute sich, einmal zwei junge glückliche Menschen durch den Frühling zu fahren. Der Weg lief bald in steilen Serpentinen aufwärts, Weingärten, Feigen- und Olivenkulturen und einzelne Bauernhäuser begleiteten sie, bis sie von dichter Macchie aufgenommen wurden. Nach etwa zwei Kilometern wich der Buschwald zurück und gab einen kleinen Platz frei. Euphorbien und schütteres Gras wuchsen auf dem steinigen Boden, Cistrosen leuchteten vom Rand der Macchie, der Fahrweg endete auf der Lichtung. Es war anzunehmen, dass nur noch ein Fußweg von hier weiterführte.

Der alte Wunsch wurde wieder wach, wenn auch bescheidener, angepasst der geringen Zeit, die zur Verfügung stand.

»Sollten wir nicht doch ein kurzes Stück bergauf zu Fuß versuchen?«

Zaghaftes Kopfnicken war die Antwort.

Hans wendete den Wagen und schob ihn zur Tarnung unter überhängende Äste.

Eine Lücke in der dichten Wand von blühenden Mastix- und Eichensträuchern deutete auf den Abgang des Steiges.

Keine Freude ohne Enttäuschung: Teresa vermochte Hans' Begeisterung für die blühende Macchie nicht zu teilen, in nicht allzu hoher Gunst stand das stachlige Dickicht. Sie interessierte sich nur für die jungen Sprossen des Lianenspargels.

»Von diesen sind allein die Spitzen gut.«

Vielleicht hätten noch die duftigen Myrtenblüten Gnade gefunden, die waren aber erst einige Wochen später zu erwarten.

Der Pfad führte bald aus der Macchie ins Freie, verbreiterte sich, stieg am Rand eines tiefen, verkarsteten Einschnitts den Berg hinan, von den üblichen Steinmauern gesäumt. Schaflosung auf dem Boden verriet die regelmäßigen Benützer.

Der Weg wurde immer steiler. Vom Wasser ausgewaschen bestand er nur noch aus großen und kleinen, losen und festen Steinen. Teresa geriet mit ihrem leichten Schuhwerk in Schwierigkeiten und Hans musste über Steinbrocken und Felsstufen hinauf helfen. Es scheint müßig zu erwähnen, dass diese Hilfe jedes Mal belohnt wurde – auf den Berggipfel wären sie so oder so nie gekommen.

Sie hatten auch kein Auge für die vielen Schönheiten zu ihren Füßen, für die schwarzhaarigen Hummelblumen auf den Grasflecken, die violetten Königskerzen, die Frühlingscyclamen und die roten, seidig knittrigen Cistrosen, in Unzahl aufbrechend aus dem filzigen Grün ihrer Sträucher.

Eine freie Stelle gewährte Ausblick auf Meer und Küste, dann nahm sie von neuem Buschwald auf. Zum erdigen Pfad geworden bereitete der Aufstieg jetzt keine Schwierigkeit und Teresa kam gut voran.

Sie bemerkten nun auch die vielen Blumen und der Naturschwärmer konnte nicht umhin, seine Begleiterin immer wieder auf diese und jene Blume aufmerksam zu machen. Dabei erfuhr er, dass die Cistrosen auf die Insel beschränkt seien, auf der Nachbarinsel gäbe es dafür Rose canine (Heckenrosen).

Unerwartet endete die Macchie und vor ihnen breitete sich eine fast ebene, mit Gras bewachsene Fläche aus. Während sich der Pfad nach rechts wandte und durch schütteren

Buschwald aufwärts wies, stieg der Berghang jenseits der Grasfläche steil an. Eine Felsnische war ausgebrochen, groß wie ein Saal oder ein kleines Haus, eine mächtige Pinie stand darin und breitete schützend ihr dunkles Dach darüber.

Sie traten näher. Die Wiese war durch eine niedrige Steinmauer gegen eine dahinterliegende, mit Wasser gefüllte Doline gesichert, zu der sie nur einen schmalen Zugang freigab. Gelber Hahnenfuß und Lotwurz leuchteten am Ufer, Immortellen schickten sich an, ihre goldenen Blütenschirme zu entfalten.

Hans breitete seine Uniformjacke aus.

Sie lagen vor der Steinmauer, lagen auf dem Rücken und blickten zum Himmel auf.

Schon während des Aufstiegs war der klare Sonnenschein einem diffus-milchigen Licht gewichen. Jetzt zeigte sich der Himmel verhangen, bleiern.

»Hans!«

»Ja?«

»Mi racconta, per favore, una fiaba!«

Er dachte eine Weile nach, dann begann er:

»Es waren einmal zwei Kinder, ein Bub und ein Mädchen.«

»Was ist Bub?«

»Maschio, ragazzo.«

»Also, es waren einmal ein Bub und ein Mädchen, die hatten einander sehr lieb. Aber sie konnten nur im Geheimen zusammenkommen, weil die Menschen der Stadt, in der beide lebten, alle miteinander in Feindschaft standen. Die meisten wollten das eigentlich nicht, doch einige, und das waren die Mächtigen, hetzten die Leute gegeneinander auf und zwangen sie mit Gewalt und Drohungen, gegen einander zu kämpfen. Sie brauchten den Hass und den Streit, ihr Süppchen daran zu kochen. Kein Mensch traute dem anderen, Mord wurde zum Alltag. Nie hätte man geduldet, dass Menschen anderes als Misstrauen und Verachtung füreinander empfinden, nie geduldet, dass die beiden aus Liebe ein Paar geworden wären. In dieser Welt des Hasses und Mordens gab es das Wort Liebe nicht.«

Teresa verstand nicht jedes Wort, trotzdem konnte sie gut folgen, wie es dann Frauen meist besser vermögen als Männer.

Der Märchenerzähler fuhr jetzt lebhaft fort, die ersonnenen Figuren schienen zum Leben erweckt:

»Weil sie keine andere Möglichkeit sehen, entschließen sich die Liebenden zu fliehen, heimlich verlassen sie die Stadt. Aber Prüfungen warten auf sie, ein dunkler Wald, ein hoher Berg und zuletzt ein großer See, der ihnen den Weg versperrt. Sie fürchten die nahende Nacht. Während sich bis dahin der Junge als der Starke und Zuversichtliche gegeben hat, ist es jetzt das Mädchen, das seinem Begleiter Mut zuspricht. Und tatsächlich: Ein Fischer, der in der Nähe seine Netze auslegt, entdeckt das Paar und nimmt es mit nach Hause. Als die anderen Bewohner des Ortes das Schicksal der beiden vernehmen, bekommen sie Mitleid und erlauben, bei ihnen zu bleiben. So leben sie, glücklich vereint und bald auch als Mitbürger geachtet, in Frieden bis an ihr Ende.«

Teresa, die Märchen und Thema sehr wohl verstanden hatte, schwieg. Ganz gefiel es ihr nicht.

»Mussten die zwei fliehen? War nicht anderes möglich?«

»Vielleicht.«

Hans wäre nicht Sohn seiner Heimat gewesen (einer ihrer großen Dichter schuf für ein Werk auch zwei Endhandlungen), wenn er nicht für seine Märchenerzählung schnell ein anderes Ende gefunden hätte.

»Der Großvater des Mädchens erbarmt sich der Liebenden und versteckt sie in seinem Gartenhaus. Damit nicht nach ihnen geforscht wird, streut er das Gerücht aus, die beiden wären geflohen und eines sicheren Hungertodes gestorben. Viele bange Monate müssen sie in dem Häuschen ausharren, bis wieder Friede und Ordnung eingekehrt sind. Dann aber schließen die Eltern ihre totgeglaubten Kinder in die Arme und die Hochzeit wird gefeiert.«

Teresa schaute zum Himmel auf, der sich immer mehr verdunkelte.

Nach einer Weile: »Möchtest Du nicht auf der Insel bleiben, als Arzt?«

»Sicher, sehr gerne sogar. Aber ob es möglich sein wird?«

»Mein Onkel hat gute Beziehungen. Und einmal muss Ende sein mit Krieg.«

Sie setzten sich auf und sahen einem Schmetterling zu, einem Falter von zartgelber Farbe, der mit seinen großen, spitz zulaufenden Flügeln über die Wiese glitt, von Blume zu Blume. Kurz hielt er auf einem warmen Stein und breitete seine Flügel aus, dass man die Schönheit der schwarzblauen Zeichnung bewundern konnte.

»Ein Segelfalter.«

»Podalirio.«

Der Schmetterling flatterte um sie herum.

Hans: »Nach Salzburg möchtest Du nicht? Salzburg würde Dir sicher gut gefallen. Obwohl nördlich der Alpen, wirkt die Stadt sehr südlich.«

»Der Onkel sagt, Salzburg ist eine sehr schöne Stadt. Aber ich habe Angst vor Kälte und Schnee. Auf der Nachbarinsel ist im Winter auch Schnee. Hier ist nie Schnee.« (1929 gab es auch auf der Insel Schnee, nur war damals Teresa noch zu klein, um sich jetzt daran zu erinnern).

»Der Winter in der Stadt Salzburg ist nicht übermäßig kalt, der Schnee liegt vor allem auf den Bergen, dort auch lange, zur Freude der Schifahrer.«

»Kannst Du auch Schi fahren?«

»Ja, natürlich. Es würde auch Dir viel Vergnügen bereiten.«

Teresa schwieg, ihr schien das Vergnügen nicht erstrebenswert.

»Salzburg hat nur eine unangenehme Wettererscheinung: Es regnet viel. Gefürchtet ist der so genannte ‚Schnürlregen'.«

»Was ist Schnürl?«

Hans kramte in seiner Hosentasche, entwirrte ein Stück Spagat und hielt es in die Höhe.

»Ah! Ecco! Spago!«

»Ja, der Regen fällt wie mit Schnürln, leider manchmal tagelang.«

»Terribile!« Teresa schüttelte sich.

»Dafür habt Ihr die Bora und auch der Scirocco ist nicht gerade angenehm.«

Teresa nach einer Pause: »Wirst Du lo studio, oder wie Ihr sagt, von Deinem Vater übernehmen?«

»Ich muss noch einige Zeit in Spitälern arbeiten. Die Ausbildung als Militärarzt ist zu einseitig, wie ich schon erklärt habe.«

»Wirst Du dann im Haus Deiner Eltern wohnen?«

»Das hängt davon ab, in welchem Spital ich arbeiten kann.«

Der Schmetterling segelte über die freie Grasfläche und verschwand in der Macchie. Sie legten sich wieder zurück.

Teresa dachte daran, wie schön es wäre, wenn sie und

Hans zusammen auf der Insel bleiben und hier leben könnten. Warum war das nicht möglich? Hatte nicht Hans in seiner fiaba zuletzt erzählt, dass die beiden sich versteckt hielten, bis normale Verhältnisse eintraten?

Verstecken – ja, das war es!

Sie musste mit dem Onkel sprechen. Vielleicht konnte er helfen, für Hans ein Versteck zu finden, ein sicheres, bis wieder normale Verhältnisse auf der Insel eintreten.

Ihre Fantasie war geweckt. Hans sollte sich in einer Höhle oder einem einsamen, verlassenen Haus verbergen. Sie würde ihn versorgen, ihm zu essen und zu trinken bringen – sie wüsste schon Mittel und Wege, dass niemand etwas merkte.

Ein Donnerschlag riss sie aus ihren Träumen.

Hans horchte auf: War es Donner? Ein Schuss? – Schiffsartillerie?

Der Knall kam vom Meer her.

Da, zum zweiten Mal, etwas näher – und jetzt eindeutig: Ein Gewitter! Der Regen zum Hereinfallen.

»Mamma mia! Temporale! Presto!«

Sie hasteten den Pfad hinunter und erreichten den getarnten Sanka, knapp bevor der Himmel alle seine Schleusen öffnete.

Es entwickelte sich eines jener gefürchteten Inselgewitter, die in ihrer hemmungslosen, elementaren Gewalt an Weltuntergang gemahnen.

Während die beiden ins Dorf zurückfuhren, wuchs das Unwetter zu voller Stärke, zu einem Inferno von Blitzen, Wasser und Sturm. Böen erfassten das Auto, rissen an ihm, drohten es umzuwerfen. Teresa klammerte sich an Hans, der verzweifelt trachtete, den Wagen, dessen alte schwere Konstruktion sich jetzt bewährte, auf der Fahrbahn zu halten. An ein Stehenbleiben war nicht zu denken, der Feldweg wurde zu einem Wildbach mit schwellenden Fluten, die den Sanka mit sich zu reißen drohten. Vorwärtstasten in der von grellen Blitzen durchzuckten Finsternis bedeutete noch die geringere Gefahr.

Endlich kamen sie auf die Ortsstraße.

»Am besten, wir bleiben bei den Verwandten von Maria!«

Sie fuhren in den kleinen Hof des Bauernhauses und liefen zur Haustür. Auf das erste Pochen hin geschah gar nichts, durch die geschlossene Tür drang das Durcheinander erregter Männerstimmen.

Teresa klopft noch einmal, stärker.

Das Stimmengewirr verstummte schlagartig, Stuhlbeinscharren und Fußgetrappel, dann trat Stille ein.

Noch eine Weile mussten sie im Regen ausharren, bis endlich der Kopf der Bäuerin im Türspalt erschien. Sichtlich verlegen, wie sie die beiden triefnass vor sich stehen sah, forderte sie zum Eintreten auf: »Avanti!«

Hans und Teresa wurden in die Küche geführt, wo sich gerade Maria bemühte, die herumliegenden Zigarettenstummel einzusammeln und die Sessel zurechtzurücken. Es war nicht zu übersehen, sie kamen ungelegen.

Beide taten, als merkten sie nichts Außergewöhnliches, und Teresa bat, nur das Ende des Gewitters abwarten zu dürfen.

Maria zeigte sich durch das Erscheinen von Hans und Teresa nicht beunruhigt, sie wusste ja von dem geplanten Abstecher und flüsterte der aufgeregten Schwester etwas zu, worauf diese im Nebenraum verschwand. Maria bereitete heißen Tee, Teresa wurde in eine warme Decke gewickelt, aber trotz aller Umsorgung blieb die verlegene Nervosität, besonders der in die Küche zurückgekehrten Schwester, unverkennbar.

Hans und Teresa warteten nicht das Ende des Gewitters ab, verabschiedeten sich, so wie der Regen ein wenig nachgelassen hatte.

Während der Heimfahrt wurden sie das Gefühl, einer unliebsamen, wenn nicht gefährlichen Begegnung entgangen zu sein, nicht los.

»Wir haben gestört? Partisanen?«

Teresa zuckte die Achseln: »Besser, man weiß nicht alles!«

Hans etwas später: »Wir haben mit einem unerlaubten Ausflug eine unerlaubte Versammlung gestört.«

Solange die Macchie die Straße begleitete, war von Unwetterfolgen nichts zu merken. Geduckt hatten Büsche, Buschbäume Regen und Sturm ohne Schaden überstanden. Je mehr sie sich der Stadt näherten, sie Gärten und Kulturen mit ihren von Menschenhand gesetzten Bäumen passierten, desto deutlicher traten die Verheerungen in Erscheinung – nicht überall und nicht in gleichem Maße. Je nachdem es dem Sturm gelang, in die buchtenreiche Küste einzufallen, zog er seine Bahnen der Verwüstung, hinterließ zersplitterte Zypressen, gespaltene Ölbäume und abgedeckte Dächer.

Teresa schüttelte sich.

»Brutto temporale! Avevo tanta paura!« // »Scheußliches Gewitter! Ich hatte solche Angst!«

Als sie in die Stadt zurückkamen, hatte der Regen völlig aufgehört. Teresa gelangte, ohne neuerlich nass zu werden, nach Hause und Hans meldete sich bei seinem Chef, der, bei guter Laune, das Gewitter als gerechtfertigte Entschuldigung für die Verspätung gelten zu lassen schien.

Nur als sich der junge Arzt erleichtert umwandte und das Zimmer verlassen wollte, bemerkte der Stabsarzt mit einem Blick auf die Jacke belustigt: »Ist die Erde am Rücken auch vom Gewitter?«

Die rote Erde der Insel färbt unverschämt.

»Sagen Sie, was ist denn das für ein Mädchen«, fragte der Stabsarzt den später eintretenden Feldwebel, »das es unserem Doktor so angetan hat?«

Riegler, eingezwängt zwischen Komplizenschaft und alter Vertrautheit, antwortete ausweichend:

»Ich kann nur das sagen, was ich von den Gärtnerleuten weiß, mit denen die Haushälterin verwandt ist. Sie lobt das Mädchen immer wieder: Legt trotz ihrer Jugend überall, in Haus und Garten, Hand an, ganz im Gegensatz zu ihrer Mutter – nur Dame aus Venedig, die auch wieder zurück will, um so mehr, als ihr Mann, Offizier bei der italienischen Kriegsmarine, vermisst ist.«

»Na, und ist das Mädchen so hübsch?«

»Ich habe sie nur einmal mit der Haushälterin zusammen gesehen, bei den Dubovic: Hübsches Mädchen, wohl behütet und aus gutem Haus.«

Riegler hoffte, so keinen Verrat begangen und andererseits die vertrauliche Neugierde des Chefs nicht enttäuscht zu haben.

Tagebuch

26. Mai 1944

Heute war ich wieder zum Abendessen im Racovich'schen Familienkreis geladen. Um die Wasserversorgung drehte sich das Gespräch und die Abhängigkeit der Insel vom Regen. Da es keine ausreichenden Quellen und kein Grundwasser gibt, müssen die Bewohner mit Zisternenwasser ihr Auslangen finden.

Die Versorgung mit Regenwasser wäre in meiner Heimat, wenn auch nicht notwendig, so meinte ich lachend, sicher leicht möglich. Teresa verließ das Zimmer und kehrte mit einem »spago« zurück, den sie in die Höhe hielt, mir bedeutsame Blicke zuwerfend: »Schnüdlregen!«

Mit dieser Erwähnung, so fürchte ich, habe ich einen großen Fehler begangen. Teresa scheint es sehr ernst damit, sie hat ihre geheimen Befürchtungen (clima nordico) nur allzu bestätigt gefunden. Immer wieder deutet sie an, ob ich nicht auf der Insel bleiben möchte, und ich glaube, dass sie einen bestimmten Plan für unsere Zukunft mit sich herumträgt.

Sie verrät ihn aber nicht, weicht solchen Fragen aus.

Tagebuch

2. Juni 1944

Nur mehr strahlende Sonnentage! Und von welcher Höhe man auch herabschaut, blau und verlockend lacht das Meer.

»Quando mi sveglio al mattino
al suon d'una campana
guardo il bel' cielo turchino
guardo l' azzurro mar.«

Es ist die erste Strophe eines Liedes. Teresa hat es mir vorgesungen, sie besitzt eine schöne Stimme.

Ich will versuchen, die Strophe zu übersetzen:
»Wenn ich des Morgens erwache,
früh, beim Klang einer Glocke,
schau' ich des Himmels Turchin,
schau' ich das blaue Meer.«

Und warm ist es geworden, das blaue Meer.

Immer stärker wächst der Wunsch, mit Teresa irgendwo am Strand zu liegen, zu baden – schon wird der Wunsch mächtiger als alle Vorsicht.

Ob Teresa einen Platz weiß?

Teresa wusste einen: Dort, wo der Pinienhügel mit der Windmühlenruine zum Meer abfällt.

»Monte Mulino. Früher waren dort drei Mühlen. Ich weiß es von meinem Vater«, erklärte Teresa, »die Bora hat sie . . .«, sie machte eine entsprechende Handbewegung.

»Angetrieben.«

»Si, angetrieben.«

Die Stelle befand sich zwar an der Ostseite der Insel – die Einwohner bevorzugen die abends wärmere und gegen die Bora geschützte Westseite – doch konnte der Ort leicht unbemerkt erreicht werden und die steile, stark zerklüftete Felsküste bot weit mehr Möglichkeiten, sich jeder Beobachtung zu entziehen. Der verabredete Platz lag verhältnismäßig lange in voller Sonne.

Bereits damals gehörte es zur Bademode, ein Minimum an Textil – wenn auch etwas mehr als heute – zu tragen. Und die erste Badebegegnung entbehrte überdies nicht einer gewissen prickelnden, mit Erwartungen erfüllten Atmosphäre.

Neugierig-amüsiert betrachtete Teresa ihren Hans, wie er nach dem Umziehen, mit langen Beinen vorsichtig über die Felsenkanten steigend, herankam. Hellhäutig, schlank, aber gut proportioniert, gefiel er ihr auch so, nur in Badehose.

»Dummer Hans!«

Ganz nahe ließ sie ihn heran. Wie er sie küssen wollte, wich sie aus und kletterte behend die Felsen zum Meer hinunter, allein der schwarze, hochgebundene Haarschopf winkte noch zwischen den Klippen.

Bei der jetzt folgenden Verfolgungsjagd vermochte Hans nicht mitzuhalten und längst tummelte sich Teresa im Meer, als er mit gewagtem Sprung die Flinke einzuholen suchte. Obwohl geübter Schwimmer gelang es ihm auch dann nicht, als sie in großem Bogen zum Ufer zurückkehrte. Da aber ging die wilde Jagd weiter, über die Felsen hinauf, und es kam, was kommen musste, der Verfolger verletzte sich im blinden Jagdeifer an einer scharfen Kante.

Teresa hatte eine Steinplatte erreicht, Hans schwang sich zu ihr empor und betrachtete seine Verletzung. Die Schnittwunde verlief schräg über dem rechten Schienbein, sie begann stärker zu bluten.

Teresa gebot Hans, sitzen zu bleiben.

»Ich gehe, Du machst Dir nur neue Wunde!«

Sie beugte sich zu ihm: »Dummer Hans!«

Teresa verband sorgfältig, ja kennerhaft die Verletzung, dass Hans erstaunte. Schelmisch sah sie ihn an:

»Contento, dottore?«

»Wir werden Dich als infermiera bei uns anstellen!« Hans lachte (ohne zu ahnen).

Er zog sie auf seine Knie. Der Kuss dauerte sehr lange, und wer weiß, wie er zu Ende gegangen wäre, wenn sich Teresa nicht befreit hätte. Noch nie waren sie einander so nahe gekommen.

Schweigend saßen sie da und schauten aufs Meer hinaus, das sich draußen im hellen Dunst verlor, der auch das Festland und die Inseln dem Blick entzog.

Hans nach einer Weile, leise: »Ich weiß, es klingt komisch, und doch muss ich Dich einmal in aller Form fragen.«

Dann fast feierlich: »Willst Du meine Frau werden?«

Teresa, die sich gerade damit vergnügte, Hans mit einem dürren Halm am Hals zu kitzeln, ließ den Arm sinken. Sie wurde ernst; statt zu antworten, küsste sie ihn.

Ein Schmetterling kam zu Besuch, auf der Insel gibt es auffallend viele. Es war ein großer Falter. Orange leuchtete er vom Rand seiner dunklen Flügel, ruhelos ließ er die ganze Schönheit nur erahnen. Ein zweiter kam und nun segelten beide hintereinander her, immer im Kreis, immer um Hans und Teresa herum, ließen dabei ein feines, flüsterndes Geräusch hören.

Dann entfernten sich die Falter, strichen über die Felsen und gaukelten zwischen den Stämmen in den nahen Pinienwald hinein.

»Warum können diese glücklich sein?« Teresa sah ihnen nach.

Hans war über die plötzliche Veränderung Teresas betroffen. Gab es neue Widerstände in der Familie, Widerstände gegen eine dauernde Verbindung?

Der Schatten, der den Hang des Monte Mulino herunter kam, kroch jetzt langsam entlang der Küste und fraß die letzten sonnigen Stellen, bis er auch ihren Platz erreicht hatte.

Tagebuch

19. Juni 1944

Ich fürchte, immer wieder begehe ich Fehler: Zunächst mit der Erwähnung des »Schnürlregens«, jetzt, bei unserem Badetreffen, mit meiner Frage, mit d e r Frage.

Die ganze Zeit spüre ich's schon. Teresa trägt einen Plan für unsere Zukunft mit sich, macht ihn aber mir gegenüber zum Geheimnis. Ich fürchte, dass ich mit meiner Frage eine Wunde aufgerissen, zum Bluten gebracht habe. Wenn mir doch Teresa mit einem Wort andeuten wollte, worum es wirklich geht.

Tagebuch

2. Juli 1944

Was ist wirklich der Grund für die Verstimmung? Weiter werde ich im Unklaren gelassen.

Das liebe Gesicht Teresas, früher voll schalkhafter Fröhlichkeit, bleibt ernst, verschlossen oder gleichgültig. Ihre Kleidung, auf die sie sonst so peinlich geachtet hat, zeigt oft Spuren von Nachlässigkeit. Wenn wir uns treffen, sehe ich es ihren Augen an, dass sie geweint hat, und ich spüre ihr gespanntes Verhältnis zur Familie.

Zu mir ist die Familie, Mutter und Onkel, nach wie vor freundlich – oder tut zumindest so.

Das Tagebuch möchte ich am liebsten gar nicht mehr weiter führen.

Tagebuch

3. August 1944

Von der Alliiertenlandung und dem missglückten Attentat haben wir hier nichts gemerkt.

Die Sorge um Teresa wird immer drückender. Ich kann nicht mehr mit ansehen, wie sie leidet, fast zwei Monate geht das jetzt. Nun von Tag zu Tag stärker, fallen körperliche Veränderungen auf: Teresa magert ab, das Gesicht wird schmal, blass und der Gang wird schleppend, langsam, dass man eine Krankheit vermuten könnte.

Aber die Mutter lächelt nur, wenn ich sie frage, und schaut mich an, als wäre ich ein bisschen dumm.

Ich bin verzweifelt. Wie kann ich helfen, was kann ich tun, damit wieder Lachen und Heiterkeit in Teresas Gesicht steht?

Mir lässt es keine Ruhe, ich spüre es ja, wie alles doch mit unserer Verbindung, mit meiner Frage, mit d e r Frage, zusammen hängt.

Lange habe ich gebraucht, Nächte damit verbracht und mich abgequält, bis ich mich zu jenem Entschluss durchringen konnte, dessen ganze schmerzliche Folgen ich noch gar nicht zu fassen vermag, ja gar nicht will: Könnte Teresa dadurch aus einer ausweglosen Situation befreit werden, ich würde mich bereit erklären, zumindest jetzt auf den Wunsch nach einer dauernden Vereinigung zu verzichten, ja sogar, ich wage es kaum zu denken, wenn notwendig, Teresa freizugeben, die Verbindung zu lösen.

Ich muss es Teresa sagen, übermorgen, da ich wieder eingeladen bin. Es muss endlich einmal offen gesprochen werden.

Als Hans zwei Tage später, zum schmerzlichen Entschluss bereit, vor dem Racovich'schen Hause stand, öffnete ihm eine veränderte Teresa. Wie von einer langen Krankheit genesen, lächelte sie aus einem blassen, schmalen, aber glücklichen Gesicht.

Auch heute wurde er in den kleinen Salon geführt, wo auf dem Tischchen diesmal eine Flasche Wein mit zwei Gläsern wartete.

»Vin Santo, noch von meinem Vater.«

Überraschte schon beim Eintreten eine andere Teresa, ließen das elegante schwarze Kleid und die Feierlichkeit des Empfangs weitere Überraschungen erwarten.

»Cin Cin!«

Nach einigen verlegenen einleitenden Worten begann Teresa:

»Du hast mich damals am Meer etwas gefragt. Ich möchte jetzt auch Dich etwas fragen: Willst Du mir zuliebe auf der Insel bleiben, wenn Deine Truppe weg geht?«

Und weiter: »Der Onkel hat jetzt ein Versteck auf der Nachbarinsel gefunden, bei einer Familie, sie ist gegen ihn obbligata. Dort kannst Du oder wir beide bleiben, bis wieder alles ist normal. Ein kleiner villaggio auf einem Felsen über dem Meer, isolato. È un buon covo (Nest), sagt der Onkel.«

Hans erschrak. Der Plan traf ihn unvorbereitet, unerwartet.

Natürlich hatte er in vielen quälerischen Stunden Pläne für eine gemeinsame Zukunft geschmiedet und wieder verworfen, aber diese Möglichkeit nie erwogen, ja sich zuletzt angesichts des körperlichen Verfalls von Teresa sogar zu dem schmerzlichen Entschluss durchgerungen.

Teresa las die Zweifel, ja Ablehnung in seinem Gesicht, sie würgte die Enttäuschung hinunter, bat nur leise:

»Du musst mir nicht sofort antworten.«

Und nach einer Weile zaghaft:

»Ich will Dich nicht verlieren.«

Die Stunde, die sie noch beisammen blieben, quälten sie sich mit nichts sagenden Gesprächen, tranken ein wenig, vermieden es aber, die Frage anzurühren. Schließlich brach Hans auf.

Schweigend durchquerten sie den Garten. Elend war ihnen zumute, wie sie beide zum Abschied an der Türe standen und auch da noch kein Wort fanden. Voll Verzweiflung küssten sie einander, das Küssen wollte kein Ende nehmen, bis Teresa sich befreite und Hans bat, zu gehen.

Sie schloss die Haustüre und begab sich leise, auf Zehenspitzen, in ihr Zimmer im ersten Stock, um jede Begegnung mit der Mutter zu vermeiden, legte sich zu Bett und ließ jetzt den Tränen freien Lauf.

Das Bild stand vor ihr, wie sie, an der Gartentüre wartend, Hans langbeinig, blond, etwas knabenhaft, mit großen Schritten herankommen sah. Lange hatte sie sich gegen diese Liebe gewehrt, die Liebe zu einem Angehörigen der Besatzungsmacht, gegen die Uniform, auch wenn sie ein Arzt trug. Dann aber hatte sie gekämpft, die kleine Teresa, mit der Leidenschaft der ersten große Liebe, alle Vorbehalte der Familie, eigene Zweifel und Ahnungen, die immer wieder nagend aus der Tiefe stiegen, beiseite geschoben. Mehr denn je fand sie sich jetzt bereit, für diese Liebe zu kämpfen.

Es ging ja nicht nur um das clima nordico, vielmehr um die Gewissheit, Hans zu verlieren, wenn er mit seiner Truppe die Insel verlassen musste. Wie sollte sie mitkommen, wie bei der augenblicklichen Lage ihm nachfolgen können? Ein Wiedersehen dürfte, wenn überhaupt, erst nach vielen Jahren möglich sein, das wusste sie, das sagte ihr Gefühl.

Für die Erfüllung ihrer Liebe glaubte sie nur einen Weg zu wissen: Dass Hans auf der Insel bliebe. Und seine Einwilligung hatte sie für den leichtesten Teil ihres Planes gehalten.

Was war es? Fehlte es ihm an Mut? Oder – sie spürte einen tiefen Schmerz – bedeutete ihm die Liebe zu ihr nicht mehr so viel? War er ihrer überdrüssig geworden, wartete er auf den Abzug von der Insel?

In ihrem bisher so erfolgreichen Mädchentrotz konnte, wollte sie nicht verstehen, was für ein gefährliches, ja tödliches Risiko ihr Plan in sich trug – für beide.

Im Zimmer herrschte stickige Schwüle, Teresa stand auf und öffnete das Fenster. Nachtluft strömte herein. Erfrischende Kühle brachte sie nicht, aber den herben Duft der Macchie, den Duft der Blumen und Kräuter, des Gartens. Tief sog sie ihn ein, den köstlichen Duft, den Duft der geliebten Insel. Ohne das Fenster zu schließen, kehrte sie zum Bett zurück und sank in einen seichten, unruhigen Schlaf.

Ein Traum voll Angst schlich sich ein.

Teresa saß mit Hans allein in einem Boot, mutterseelenallein auf weitem Meer. Obwohl keine Verfolger zu erkennen waren, wussten sie, dass sie verfolgt wurden. Hans ruderte mit letzter Kraft, kämpfte erschöpft gegen den hohen Wellengang. Das Boot hielt auf das Festland zu, die Küste kam aber nicht näher, ja sie entfernte sich, und das um so mehr, je verzweifelter Hans ruderte. Eine ganze Weile ging das so, Wind und Wellen nahmen zu, die Angst wuchs zur Todesangst. Da traf sie eine haushohe Woge von der Seite und das Boot kenterte.

Schweiß bedeckt wachte Teresa auf. Klopfte nicht jemand an die Gartentür? Jetzt wieder! Kam das Klopfen nicht in einer bestimmten Reihenfolge? Ja sicher! In der mit Hans vereinbarten . . .

Er war die Stufen abwärts gestürmt.

Ich will Dich nicht verlieren, er hörte es Teresa leise sagen und er hörte es noch immer, als er – schon ruhiger geworden – unten am Hafen seinen Schritt verlangsamt hatte.

Mit einem Mal verstand er die wochenlange Niedergeschlagenheit. Er sollte bei Abzug seiner Truppe auf der Insel bei Teresa bleiben, aber ein Versteck konnte der Onkel nicht finden oder – wollte nicht, ihrer Verzweiflung nach zu schließen.

Wieder irrte er durch die nächtlichen Straßen und Gassen wie damals am Beginn, am zaghaften Beginn seiner Liebe zu Teresa – und musste sich jetzt über eine Entscheidung im Klaren werden, die als Folge dieser Liebe auf ihn zukam, eine Entscheidung, die alles einschloss, auch das Schlimmste.

Konnte man den Plan Teresas überhaupt ernst nehmen?

Jungmädchenfantasie, ihn an einem entlegenen Ort auf der Nachbarinsel verstecken zu wollen! Vielleicht in einem verfallenen Haus oder, noch romantischer, in einer einsamen Höhle! Sehr zweifelhaft die Möglichkeit, ein Versteck je geheimzuhalten, selbst auf einer so verkarsteten, zerklüfteten Insel.

Das Risiko für das Zurückbleiben und Absetzen von der eigenen Truppe, bei einem allgemeinen Rückzug, erschien noch verhältnismäßig gering, er wäre als vermisst abgeschrieben worden, geringer jedenfalls als das nachfolgende Risiko, im Versteck verraten und von feindlichen Soldaten oder gar Partisanen entdeckt zu werden. Wer konnte ihm dann wirklich helfen, wenn eine MP auf ihn gerichtet war?

Er lotete Teresas Plan bis zu den schlimmsten Folgen aus. Doch dann besann er sich, dass es immer wieder Einzelnen gelungen war, allen Verfolgern zu entgehen. Verwundert überraschte er sich dabei, Überlegungen dazu anzustellen, Möglichkeiten zu prüfen.

So dürfte man sich auf keinen Fall auf das »covo« des Onkels allein verlassen, müsste man mehrere Verstecke suchen. Er begann, Pläne zu schmieden und wieder zu verwerfen, und merkwürdigerweise, je mehr er dies tat, um so mehr schwand der Widerstand gegen Teresas Wunsch, bei ihr auf der Insel zu bleiben.

Er hörte es wieder, leise und flehentlich: »Ich will Dich nicht verlieren.«

So sehr liebte ihn Teresa, diese kleine Teresa?

Der Stabsarzt hatte nur zu Recht.

Es waren Kinder, die zwei, und der Doktor das größere der beiden.

Bei Hans fegte jetzt der Gedanke, der Liebe Teresas nicht wert zu sein, alle Bedenken beiseite; Bedenken der persönlichen Sicherheit, Moralbedenken wegen des eigenmächtigen Zurückbleibens auf der Insel. Die Wogen schlugen über ihm zusammen, sämtliche Überlegungen und Zweifel wurden bedeutungslos, wenn es darum ging, Teresa seine Liebe zu beweisen.

Beim Umherirren war er ohne Absicht wieder in die Nähe des Racovich'schen Hauses gekommen. Durfte er jetzt noch, so spät in der Nacht? – Ja! Er musste es sofort sagen, konnte sie nicht länger warten lassen.

Liebende haben einen eigenen Knigge und der entspricht nicht immer den üblichen Zeitgepflogenheiten.

Atemlos langte er an der Gartentüre an und klopfte. Erst nach mehrfachem Pochen hörte er im Garten Schritte, Teresa? Gott sei Dank, es waren schnelle Schritte, ihre Schritte. Sollte sie am Ende noch gewartet haben?

»Chi è?«

»Son' io, Hans!«

Vorsichtig wurde ein Spalt geöffnet. Hans trat heran und sagte es leise, aber bestimmt: »Ich bleibe auf der Insel!«

Die Türe ging ganz auf und sie lagen einander in den Armen.

Es dauerte lange, bis sich Teresa losmachte:

»Morgen wir sprechen weiter.«

Gab ihm noch einen Kuss und schloss die Tür.

Er stand noch eine Weile, hörte jetzt das laute Lärmen der Zikaden, spürte noch Teresas Lippen und fühlte noch ihren Körper im dünnen Morgenrock, als er sich zum Gehen wandte und langsam das schmale Gässchen abwärts schritt.

Der August neigte sich seinem Ende zu.

In den Gärten wollte das Blühen kein Ende nehmen. Oleander und Bougainville, blaue Prunkwinde, Poinciana gillesii mit langen, gelben Staubgefäßen, rote Canna und auch Rosen, immer wieder Rosen, buhlten um die Aufmerksamkeit.

Die freie Natur ging mit Farben sparsamer um. Erstaunlich aber, was selbst hier nach dem langen, trockenen Sommer zu blühen vermochte.

In der Macchie schmückte sich die Myrte mit neuen duftigweißen Sternen, auf dürren Ziegenweiden blauten Distel und Mannstreu, gelb leuchtete der würzige Alant vom Straßenrand und selbst unten am Meer sprossen aus Ritzen und Felsspalten die bescheiden violetten Blüten des Strandflieders und die grünlichen Schirme des Meerfenchels.

Der September brachte zunächst weiter Wärme, angenehme Wärme und – Badewetter.

Zum ersten Mal in ihrem Leben sehnte Teresa das Ende der schönen Zeit herbei, immer mehr fürchtete sie sich vor den Zusammenkünften am Meer, immer schwerer fiel es ihr, Hans die letzten, unausgesprochenen Wünsche zu versagen, besonders jetzt, da er alles, sein ganzes Leben, in ihre Hand gelegt hatte.

Mit fortschreitendem Monat wurde die Insel am Morgen oft von einem dichten Nebel eingehüllt, bis es der Sonne gelang, das unheimliche Grau zu durchdringen und in hundert hellen Streifen zwischen den Pinienstämmen aufleuchten zu lassen. Rasch teilten sich die Nebel, vereinzelt schwappten noch weiße Schwaden vom Ufer herauf, dann strahlte alles wieder im alten Sonnenglanz, der blaue Himmel und das blaue Meer.

Die Bora setzte dem Badewetter ein jähes Ende. Sie wühlte die tiefblaue See, dass die schaumgekrönten Wogen in dichten Reihen gegen die Küste rollten und an den Felsen aufsprangen. Die Luft war kühl, rein und klar, das Festland wie die vorgelagerten Inseln zum Greifen nah.

Überraschend zeigte sich an einem der letzten Septembertage der Morgenhimmel von einer geschlossenen, merkwürdig gewellten Wolkendecke überzogen. Sie trieb schnell in einer ganz bestimmten Richtung über die Insel.

»Da ponente non si alza mai per niente«, sagten die alten Inselbewohner.

Und tatsächlich setzte bald der so ersehnte Regen ein – auf den ja auch die gelben Herbstkrokusse gewartet hatten.

Anfangs November fand eine »Besichtigung« der Sanitätseinheit statt.

Man war auf dem »kleinen« Dienstweg gewarnt und Feldwebel Riegler hatte alle Vorbereitungen mit gewohnter Routine getroffen. So bekam der inspizierende Oberstarzt eine »ideale« Krankenstation und eine ebensolche Sanitätseinheit zu sehen. Alle Kranken und selbst die müdesten Krieger unter den »Sani« traten stramm und militärisch auf, dass man sich an Kasernhofzeiten erinnert fühlte. Riegler wusste um die Vorliebe des Herrn Oberstarztes für das »Militärische«.

Es fielen dann zwar Lobesworte für die medizinische Versorgung und besonders für den »Geist, der die Truppe beseele«, aber man konnte heraus spüren, dass der hohe Besuch nicht allein der routinemäßigen Inspektion wegen gekommen war.

Der Oberstarzt nahm den Stabsarzt beiseite und führte mit ihm ein ernstes, langes Gespräch, von dem Leitner, in einiger Entfernung stehend, nur wenige Worte auffangen konnte. Und die schienen nicht gerade beruhigend, denn offensichtlich drehte sich die Unterredung um das – Verbandsmaterial!

Als wenig später Unterarzt und Feldwebel zum Chef gerufen wurden, betraten sie mit böser Ahnung das Zimmer.

Der Stabsarzt saß hinter dem Schreibtisch, das Gesicht vor Erregung gerötet. Er hieß die beiden nicht wie sonst Platz zu nehmen, sondern begann im Vorgesetztenton:

»Man hat bei der Armee davon Kenntnis bekommen, dass die Partisanen von unserer Insel Nachschub an Verbandsmaterial, möglicherweise auch an Medikamenten, erhalten. Ich habe dem Oberstarzt ausdrücklich erklärt, dass dies nicht von unserer Einheit stammen kann. Wir müssten zwar auch die Zivilbevölkerung betreuen«, er sah beide scharf an, »würden aber nie größere Mengen als notwendig abgeben. Der Oberstarzt hat mir bedeutet, dass sich im Wiederholungsfall die Abwehr einschalten werde. Ich brauche Ihnen nicht zu sagen, was das heißt. Es ist durchaus möglich, dass unsere Einheit schon jetzt beobachtet wird, und ich muss Sie dringend bitten, die Kontakte zur Zivilbevölkerung auf ein Minimum einzuschränken, wenn nicht ganz einzustellen. Haben Sie mich verstanden?«

Beide murmelten ein zaghaftes »Jawohl«.

Draußen knurrte Riegler: »Da haben sie sicher wieder einen Gefangenen ausgequetscht oder so ein A . . . hat gesungen. Es wird höchste Zeit, dass wir von hier verschwinden!«

»Und Ihr Mädchen?«, warf Leitner ein.

»Ljerka, die nehm' ich mit. Ist schon alles abgesprochen. Sie wissen ja, wir haben zu Hause eine Gärtnerei, am Nordwestrand von Salzburg. Da bring' ich sie unter und, wenn's gefährlich wird, versteck' ich sie so lange, bis der Krieg aus ist und wir heiraten können. Hier lass' ich sie auf keinen Fall. Ich traue niemandem, auch wenn ich noch zweimal mit Verbandsmaterial und sogar mit Medikamenten – ich kann's Ihnen ja jetzt im Vertrauen sagen – über die Dubovic ausgeholfen habe. Wer weiß, was der Armen dann alles zustoßen könnte!«

Leitner staunte, dass das Mädchen Riegler so viel bedeutete. Er leistete ihm im Stillen Abbitte, hatte er doch die ganze Bekanntschaft für eines der üblichen «Bratkartoffelverhältnisse« gehalten.

Am Abend klopfte es an Hans' Tür: Riegler.

Beim Eintreten kam lauter, lärmender Gesang mit ins Zimmer. Die Sanitätsabteilung feierte die gelungene Besichtigung.

»Ein dreifach Hoch, ein dreifach Hoch dem Sanitätsgefreiten Neumann . . .«

Riegler hatte eine Flasche Rotwein unter'm Arm, stellte zwei Gläser auf den Tisch und schenkte ein.

»Auf unsere Mädchen!« Er stieß an.

Bald hielten sie beim zweiten Glas. Nebenan wurde es immer lauter, jetzt drang es durch Wand und Türen:

»... heute wendet jedermann Neumanns Tripperspritze an.«

Vielstimmiges Fortissimo, dann Stille. Die erhitzten Kehlen mussten gekühlt werden.

Riegler beugte sich über den Tisch zu Leitner. »Übrigens, was ich noch sagen wollte, drüben beim Stab hab' ich gehört, so hinten herum: Unsere Einheit soll aufgelöst und wir woanders hin versetzt werden.«

Das war eine Überraschung.

Hans schwieg betroffen.

Riegler ging nach dem dritten Glas und ließ einen Verunsicherten, ja Verwirrten zurück.

Tagebuch

4. November 1944

Wenn das stimmt, was Riegler gehört hat, ist alles anders geworden.

Ich habe Teresa versprochen, bei Abzug der Truppen in einem Versteck auf der Insel zurückzubleiben – bei Abzug a l l e r eigenen Truppen, so hatte ich es verstanden. Nun verlässt nur m e i n e Sanitätseinheit die Insel, weil sie aufgelöst wird.

Wie bereits überlegt, ist anzunehmen, dass mein Zurückbleiben bei allgemeinem Abzug wenig Aufsehen oder gar

Folgen nachziehen würde. Als »vermisst« abgeschrieben, dürfte sich kaum jemand um mich oder mein Fehlen besonders kümmern.

Jetzt, wo die anderen Einheiten weiter auf der Insel stationiert bleiben, muss mein Verschwinden auffallen, Nachforschungen, Suchaktionen nach sich ziehen: Auf der Insel, weil hier Mord oder Entführung durch Partisanen; zu Hause in Salzburg gar Fahnenflucht vermutet würde. Nicht auszudenken für Teresa und für unsere beiden Eltern! Das eigene Schicksal brauche ich mir gar nicht erst auszumalen, sollte mein Versteck verraten werden. Ich müsste mich also zuerst vor den Eigenen und dann vor den Partisanen verbergen.

Riegler sagt, er nähme seine Ljerka einfach mit.

So leicht wird bei mir der Knoten nicht zu lösen sein.

Ob Teresa überhaupt gewillt ist, mit nach Salzburg zu gehen und dort zu leben, und wie sich ihre Familie dazu stellen wird, das alles ist mehr als ungewiss – von meiner Familie ganz zu schweigen, wenn ich mit unverhofftem Mitbringsel erscheine.

Soll ich sie vorbereiten, ihnen schreiben?

Ich fürchte die Feldpostzensur (oder mehr das »Nein« der Eltern?).

Und doch, wenn ich mir alles überlege, bietet trotz der vielen Fragezeichen Rieglers Plan auch Teresa und mir – in der gegenwärtigen Situation – die einzige Möglichkeit für eine gemeinsame Zukunft.

Ich muss mit Riegler sprechen.

Als der Unterarzt bei nächster Gelegenheit mit dem Feldwebel ins Gespräch kam, deutete er vorsichtig an, dass auch er infolge der geänderten Situation »seine« Teresa – ihr und der Familie Einverständnis vorausgesetzt – nach Salzburg mitnehmen möchte. Riegler hörte lächelnd zu und antwortete im Ton alter Komplizenschaft:

»Wird gemacht, Doktor! Wir werden den Schwein schon schlachten! Sie können sich auf mich verlassen!«

Hans wusste es. Mit Riegler konnte man Pferde stehlen gehen.

Das Problem mit den Eltern ließ sich von der Insel aus nicht lösen. So setzte er auf das alte Rezept der Liebenden: Die Eltern vor vollendete Tatsachen zu stellen. Die schwierigste Frage allerdings blieb offen – und er war sich seiner Sache gar nicht gewiss, was Teresa, was ihre Familie zu seinem Vorschlag sagen würden.

Noch gab es keine offizielle Bestätigung für die Neuigkeit, die Riegler vertraulich beim Stab in Erfahrung gebracht hatte, und Hans hielt es für besser, im Hause Racovich darüber zu schweigen, als durch unbestätigte Nachrichten Kummer und Aufregung zu verbreiten.

Doch dann wurde es offiziell.

Etwa zwei Wochen nach der unliebsamen Inspektion beorderte der Stabsarzt die beiden wieder in sein Zimmer.

Sie waren einander seit der letzten Besprechung aus dem Weg gegangen und hatten den persönlichen Kontakt auf dienstliche Notwendigkeiten beschränkt. Heute empfing sie der Chef in gewohnt väterlicher Art und eröffnete ihnen, wie erwartet, dass die Einheit anfangs Dezember aufgelöst werde. Nach einem vierwöchentlichen Heimaturlaub stünde ihnen allerdings neuer Fronteinsatz bevor.

Der Stabsarzt zeigte sich sichtlich erleichtert, die Insel verlassen zu können, bedauerte jedoch die Trennung von seinen Mitarbeitern. Ohne die Schwierigkeiten mit der unbelehrbaren Jugend zu erwähnen, bedankte er sich für die Mithilfe und verband mit den besten Wünschen für die Zukunft die Hoffnung auf baldigen Frieden – er wusste, zu wem er sprach.

Nach der offiziellen Bekanntgabe beeilte sich Hans zur Familie Racovich zu kommen, diesmal alle Vorsichtsmaßnahmen außer Acht lassend. Teresa öffnete. Nicht nur die außergewöhnliche Stunde, auch Hans' Gesicht verriet, dass etwas Besonderes eingetreten sein musste.

Sie führte ihn in das große Speisezimmer.

Hans erzählte über die Auflösung seiner Sanitätseinheit und die sich für ihn daraus ergebenden dienstlichen Folgen.

»Es ist jetzt alles anders geworden«, schloss er vorsichtig.

Doch Teresa war hellhörig. Die Dringlichkeit und die Art des Berichtes hatten sie aufhorchen lassen, die Schlussbemerkung vollends ihr Misstrauen geweckt. Sie glaubte zu verstehen, und folgerte auf ihre Weise.

Schweigend trat sie zum Fenster und blickte zum Hafen hinunter.

»Du willst also nicht bleiben, Du willst mich verlassen.«

Als Hans das Gegenteil beteuerte, stampfte sie mit dem Fuß auf.

»Ihr seid alle gleich! Dummer Hans, ich habe immer gesagt. Oh, i c h war dumm – dumm, Dir zu glauben!"

Sie begann zu weinen.

Als er hinter sie trat und seine Hand auf ihre Schulter legen wollte, wandte sie sich ab, ergriff die nächststehende Vase und schleuderte sie zu Boden.

»Mascalzone!« // »Schuft!« schrie sie ihm ins Gesicht und wollte zur Tür hinaus.

Hans packte sie am Arm und zog sie zurück.

»Teresa, wir dürfen nicht auf der Insel bleiben. Ich werde hier nie Arzt sein können. Auch wenn Ihr mich versteckt und Dein Onkel gute Beziehungen hat, uns wird niemand helfen, ja helfen können. Denn das Schicksal der Insel wird nicht von den Inselbewohnern bestimmt werden, sondern vom Festland.

Und wenn Ihr mich j e t z t verstecktet, Suchaktionen der eigenen Truppe wären die Folge, man müsste annehmen, ich wäre von Partisanen verschleppt worden. Als erstes hielte man sich an Dich und Deine Familie, nicht auszudenken!

Wir müssen weg von hier! Und wenn wir zusammen bleiben wollen, müssen wir gemeinsam von der Insel weg!«

Teresa, ohne Hans anzuschauen: »E dove?«

»Teresa, bitte! Lass uns in Ruhe darüber sprechen!«

Hans setzte sich und zog die Widerstrebende auf seinen Schoß. Er nahm sein Taschentuch und versuchte ihre Tränen zu trocknen. Teresa riss es ihm aus der Hand, trocknete selbst die Augen. Dann schneuzte sie laut und kräftig hinein und gab es ihm zurück.

Der Temperamentausbruch schien zu Ende.

Hans fuhr leise, besänftigend fort:

»Du weißt, wie gerne ich hier bin. Ich liebe das Mittelmeer, ich liebe diese Insel. Aber es wird nicht möglich sein, hier zu bleiben. Wir können auch hier nicht heiraten, zu Hause in Salzburg haben meine Eltern Bekannte und Beziehungen, die es uns möglich machen werden zu heiraten.«

Er versprach viel.

Und hatte etwas, in den Augen Teresas sehr Wesentliches, n i c h t erwähnt: Wie sollte sie mit Hans gemeinsam nach Salzburg kommen oder bei der augenblicklichen Lage ihm etwa nachfolgen können? Schöne Trostworte, um den Abschied zu erleichtern, weil Hans wusste, dass sie mit ihm zusammen nie die Insel verlassen konnte.

Bitterkeit übermannte sie und wieder traten Tränen in ihre Augen.

Hans verstand sofort, strich zart über ihr Haar.

»Teresa, Du musst mir glauben, wir k ö n n e n beide zusammen die Insel verlassen. Schon seit dem ersten Gerücht über eine Versetzung habe ich mit Feldwebel Riegler alle Möglichkeiten überlegt. Unsere Abteilung besitzt ein altes Sanitätsauto, Du kennst es von der Fahrt zu unserer Bergwanderung. Es gehört dringend überholt, repariert.

Nun möchten wir erreichen, dass der Wagen in eine Werkstätte in Salzburg überstellt wird und – dass w i r ihn hinbringen. Das ist die Chance für uns alle, für uns beide und für Riegler, der ebenfalls mit jemandem nach Salzburg will. Hoffentlich stört Dich das nicht.«

»Ljerka Dubovic?«

»Ja, er möchte sie auf keinen Fall hier zurücklassen und ebenfalls zu Hause in Salzburg heiraten.«

Das Verhältnis war Teresa durch Maria bekannt.

Sie stand auf, trat wieder ans Fenster und blickte zum Hafen hinunter. Ein kleines Fischerboot lief gerade ein, sonst herrschte beklemmende Stille.

Hans folgte ihr, nochmals bat er eindringlich: »Bitte Teresa, komm mit nach Salzburg! Wenn Du willst, dass wir beisammen bleiben, bitte komm' mit mir!«

Sie gab keine Antwort und wandte sich auch nicht um, als er sich zu verabschieden suchte. Hans verließ das Zimmer. Draußen im Flur begegnete er Frau Racovich, wechselte nur wenige Worte und eilte, so schnell er konnte, durch den Garten auf die Straße.

Frau Racovich trat ins Zimmer, sah die Scherben der Vase auf dem Boden und Teresa am Fenster stehen.

»Hattet ihr Streit?«

Teresa, ohne die Mutter anzusehen: »Hans è trasferito dall' isola nel Decembre.« // »Hans wird im Dezember von der Insel versetzt.«

Und verließ das Zimmer.

Eine Analyse der allgemeinen Lage – die Meinung des Onkels besaß in der Familie maßgebliches Ansehen – ließ erkennen, dass die Truppen nur noch begrenzte Zeit Herr der Insel sein und Partisaneneinheiten vom Festland aus sie besetzen werden, ließ aber auch erkennen, dass diese Insel, wie die Nachbarinsel, in Zukunft nicht mehr zum italienischen Staatsgebiet gehören dürfte.

Während der Onkel vorhatte, für alle Fälle auf der Insel auszuharren, schon um den Racovich'schen Besitz zu verteidigen, strebte Teresas Mutter die Rückkehr nach Italien an. Sie wollte versuchen, sich mit Teresa gemeinsam nach Grado durchzuschlagen und dort bei Verwandten das Kriegsende abzuwarten. Keinesfalls sollte das Mädchen hier bleiben.

Teresa fühlte sich jetzt in ihrer Vorstellungswelt auch von der eigenen Familie im Stich gelassen, die Wirklichkeit hatte die Fantasie eingeholt.

Sie berichtete ihrer Mutter, Hans dränge darauf, mit ihm nach Salzburg zu gehen. Seine Eltern hätten sie beide eingeladen (Lügenschüppel!), auch glaube er fest, in seiner Heimat die Heirat (deren Stellenwert weit höher lag als heute) dank guter Verbindungen durchzusetzen.

Teresa stand vor einer schweren Entscheidung.

Stets hatte ihr ein Leben auf der Insel, in gewohnter Umgebung, inmitten ihrer Familie vorgeschwebt. Die Trennung von der Heimat schien unumgänglich, war schmerzlich; viel schmerzlicher aber die Entscheidung, entweder der Mutter nach Grado oder Hans in dessen fremde Heimat zu folgen. Die Krankheit hatte Mutter und Tochter einander sehr nahe gebracht, das Leben in Grado konnte nicht um so viel anders sein als auf der Insel und vor allem hoffte sie, in Italien endlich ihren Vater wiederzufinden. Mit Hans jedoch verband sie die ganze hingebungsvolle Leidenschaft der ersten großen Liebe. Ihn zu verlieren, diese Angst bestimmte übermächtig ihr Denken.

Sie fühlte, sie ahnte es: Die Entscheidung für den einen bedeutete die Trennung vom anderen und das für viele lange Jahre, für eine nicht voraussehbare Zeit.

Indes übten weder der Onkel noch die Mutter irgendwelchen Druck auf Teresa aus; der Onkel, da er letzten Endes die von Hans angestrebte Lösung nicht für die schlechteste hielt, die Mutter, weil sie der festen Meinung war, Teresa würde sich ohnehin für sie entscheiden. Ein Familienrat gemeinsam mit Hans sollte Klärung bringen. Die vorübergehende Abwesenheit Marias kam jetzt gelegen und man einigte sich auf eine Zusammenkunft für den nächsten Abend.

Es wurde ein bewegter Abend.

Nach dem Essen – Teresa bestand glänzend ihr hausfrauliches Debüt – bat sie Hans um die Fotos seiner Eltern und des Hauses in Salzburg. Obwohl sie sich bereits entschieden hatte, wollte sie die Bilder noch einmal sehen.

Dann stand sie auf und trat zu ihrer Mutter: »Chiedo perdono, Mama, carissima Mama! Mi sono decisa - per Hans«.

Sie umschlang ihre Mutter und küsste sie.

Beide Frauen begannen zu weinen. Teresa riss sich los und verließ das Zimmer.

Man kann sich vorstellen, welche Gefühle Hans bewegten: Teresa hatte sich für ihn entschieden.

Trotz allem.

Trotzdem sie für unbestimmte Zeit ihre Mutter, ihre Heimat verließ.

Und er fühlte im selben Augenblick auch die Verantwortung, die er auf sich genommen hatte, Teresa und ihrer Familie gegenüber.

Hans warb um Vertrauen für seinen Plan: »Unsere Truppe besitzt einen alten Sanitätskraftwagen, der zur Reparatur in eine Heimatwerkstätte gebracht werden soll. Feldwebel Riegler, an dessen Namen Sie sich ja erinnern«, er blickte lächelnd zu Herrn Racovich, »mit dem ich mich natürlich längst ausgesöhnt habe, und ich, wir beide werden mit diesem Wagen die Insel verlassen. Das ist auch die Gelegenheit für Teresa und mich, gemeinsam nach Salzburg zu kommen, wo für Teresa, wie ich glaube, größtmögliche Sicherheit besteht.«

»Signora, oder darf ich Mama sagen«, er wandte sich an Frau Racovich, »ich verspreche Ihnen in diesem Augenblick feierlich, mich immer um Teresa zu kümmern, immer für sie da zu sein und sie nie zu verlassen. Ich verspreche auch, die Heirat so bald wie möglich durchzusetzen.«

In der Erregung sprach er Deutsch, wahrscheinlich hätte sein italienisches Vokabular auch nicht ausgereicht, obschon er in der Freizeit fleißig Italienisch büffelte. Der Onkel übersetzte laufend.

»Sie werden aber das Einverständnis des Vormundes brauchen«, gab der Onkel zu bedenken, »Teresa wird zwar am ersten Dezember achtzehn Jahre, doch ist sie dann auch noch nicht großjährig. Es können Schwierigkeiten deshalb auftreten.«

»Daran habe ich nicht gedacht«, gestand Hans etwas kleinlaut.

»Nachdem Teresa selbst entschieden hat – und wir wollten, dass sie frei über ihre Zukunft entscheidet – werden wir ihr unser Einverständnis schriftlich mitgeben.«

Er sah Frau Racovich an. »Oder bist Du anderer Meinung?«

Teresas Mutter starrte vor sich hin, noch immer Tränen in den Augen, zu unerwartet war der Entschluss ihrer Tochter gekommen.

Wäre es nicht besser, das Kriegsende abzuwarten und dann zu heiraten?

Aber hatte sie sich nicht selbst damals Hals über Kopf für den jungen Marineoffizier entschieden, mit achtzehn Jahren, genau wie Teresa?

Sie schüttelte nur wortlos den Kopf.

Hans zeigte die Bilder von Eltern und Haus in Salzburg und beteuerte, dass sie Teresa gerne aufnehmen wollten, er hätte ihnen geschrieben – die Liebe macht manches verzeihlich.

Unter den Möglichkeiten, Heirat und Wohnortwechsel Teresas zumindest teilweise zu legalisieren, wurde auch die kirchliche Trauung auf der Insel erwogen. Hans erblickte darin keinen Vorteil:

»Ich zweifle, ob selbst die staatliche Trauung vor einem italienischen Standesamt – was gar nicht mehr möglich ist – die Einreise Teresas zu diesem Zeitpunkt erleichtern könnte. Wenn aber nur das Geringste einer Heiratsabsicht bekannt wird, ist der Fluchtplan in Frage gestellt. Geheimhaltung scheint mir das Wichtigste. Übrigens – soll Maria eingeweiht werden?«

»Zur Sicherheit nicht«, Racovich wandte sich an seine Schwägerin.

Nach einigem Beratschlagen: »Wir werden sagen, Teresa verlässt die Insel und bleibt bei Verwandten in Fiume. Sie haben sie bis dahin mitgenommen. Mehr soll Maria nicht wissen.«

Vom weiteren Abend ist noch zu berichten, dass Hans in die Familie aufgenommen und ihm das »Du« angetragen wurde – ein großer, etwas erzwungener Vertrauensvorschuss. In einer theatralischen Szene beschwor Frau Racovich den jungen Arzt (sie hatte aus ihrer Sympathie nie Hehl gemacht – und dass gerade er es war, der ihr die Tochter nahm!): »Valendo la mia fiducia per te lascio partire Teresa. Metto nelle tue mani il mio piu caro, l'unica persona, che possedo in questo mondo: mia figlia!« // »Nur weil ich Dir so vertraue, lasse ich Teresa fort. In Deine Hände lege ich das Teuerste, das Einzige, das ich wirklich auf dieser Erde besitze: Meine Tochter!«

Hans war tief bewegt.

Als er das Haus verlassen wollte, eilte ihm Teresa nach, sie hatte sich die ganze Zeit in ihrem Zimmer aufgehalten. Er blieb stehen und umarmte sie.

»Teresa, ich habe es kaum zu hoffen gewagt. Teresa!«

Sie hielten an der Gartentüre.

Teresa zog Hans zu sich herunter und flüsterte ihm ins Ohr: »In der Bibel ist geschrieben: Die Frau muss folgen dem Mann – auch in den ‚Schnüdlregen'!«

Gab ihm noch einen Kuss und schob ihn zur Türe hinaus.

Hans nützte die folgenden Tage, gemeinsam mit Riegler Vorkehrungen für die geheime Abreise von Teresa und Ljerka zu treffen. Der Feldwebel kam von einer Dienstfahrt zum Festland mit zwei »organisierten« Rot-Kreuz-Schwesternuniformen und entsprechenden Ausweisen zurück, verkleidet sollten die Mädchen sicherer mitfahren können. Die Schwesternkleidung wurde von Ljerka, die sich als tüchtige Schneiderin entpuppte, entsprechend angepasst und es gelang, auch alle anderen Vorbereitungen zu einem guten Ende zu bringen.

Zwei Wochen waren darüber vergangen.

Seit den frühen Morgenstunden litt es Hans nicht mehr im Zimmer.

Noch schlief die Nacht in den engen Gassen, als er die vielen Stufen zum Hafen hinunterstieg. Sie schlief noch in den Winkeln der alten Häuser und schlief hinter den Gartenmauern, wo trotz der Jahreszeit, wie Hans von Teresa wusste, die Rosmarinhecken zu neuem Blühen erwachten. Die eifrige Gärtnerin hatte nichts unversucht gelassen, ihn in die Wissenschaft der duftenden, würzenden, grauen, grünen, rund- und nadelblättrigen Kräutlein einzuweihen.

Zu der heiteren Erinnerung gesellte sich die schmerzliche Gewissheit: Wie lange noch durfte er diese Luft atmen, den Duft der Gärten, den Duft der Macchie und der Pinien, wie ihn der Wind über die Bucht trug. »Ti la gioia nel aria ti ga!« // »Du hast schon die Freude in der Luft!«

Der Abschied fiel schwerer als er gedacht hatte.

Unten am Hafen empfing ihn der erwachende Tag.

Der Blick zum Himmel verhieß nichts Gutes, tief hingen die schweren Wolken, wie damals, als er zum ersten Mal den Juwelierladen an der Riva betrat. Ein Jahr lag dazwischen, aber was für ein Jahr! Und jetzt wollte er Teresa heimführen, musste es verstohlen tun, musste sie in einem Sanitätsauto in seine Heimat schmuggeln.

Dann fiel ihm ein, wie sich die jungen Damen, als Krankenschwestern verkleidet, kritisch im Spiegel und auf den Fotos der Ausweise betrachteten. Es war zu komisch. Die Bilder wären ja überhaupt nicht zustande gekommen, wenn er nicht durch Vermittlung des Onkels vom Apotheker Papier und Chemikalien erhalten hätte.

Als Hans zur Krankenstation zurückkehrte, kam ihm bereits an der Tür Riegler aufgeregt entgegen.

»Doktor, endlich! Wo bleiben Sie denn, wir suchen Sie schon überall! Das Revier geht über, der Teufel ist los!«

Noch am späten Vormittag hatten Leitner und Riegler alle Hände voll zu tun, als sie unerwartet ins Chefzimmer gerufen wurden.

Beim Eintreten fiel ihr erster Blick auf zwei Fremde in Uniform, die neben dem bleichen Stabsarzt standen, einen hochgewachsenen Offizier und einen breitschultrigen Feldwebel.

Der Feldwebel trug auf der Brust ein ovales Metallschild: Feldgendarmerie.

Bevor der vor Aufregung zitternde Stabsarzt zu einer Erklärung kam, eröffnete der Hauptmann mit schneidender Stimme: »Unterarzt Leitner? Feldwebel Riegler?«

Zweifaches »Jawohl!«

»Sie werden beschuldigt, unerlaubter Weise Verbandsmaterial und Medikamente an Partisanengruppen, an den Feind, weiter gegeben zu haben. Sie werden sich vor einem Kriegsgericht verantworten müssen!«

II.
Die Flucht

Tagebuch

4. Dezember 1944

Noch kann ich es kaum fassen: Wir sind auf dem Weg nach Hause – auf der Fähre zum Festland!

Wie müssen wir einem gütigen Schicksal – ich möchte nicht leichtfertig Worte gebrauchen –, wie müssen wir Gott für das alles danken!

Zu deutlich die Erinnerung an die erste Stunde nach der Festnahme: Unerfahren im Umgang mit Gericht oder Polizei war ich von Erwartungsangst, vom Bewusstsein, einer gnadenlosen Maschinerie ausgeliefert zu sein, vollends zu Boden gedrückt. Was ist von einem Kriegsgericht zu erhoffen, das letzten Endes dem Befehl eines Generals gehorchen muss, der exemplarische Bestrafung verlangt? Bei welchem Heer ist das nicht so?

Am meisten bangte ich um Teresa. Würde sie ebenfalls festgenommen werden? Arme kleine Teresa, wie sollte sie das überstehen? Verlangte das Schicksal schon seinen Tribut für unser kurzes Glück?

Während wir auf der Fähre zum Festland eskortiert wurden, fand ich Zeit, mich von dem lähmenden Schock zu befreien, in den mich erste Angst und Ratlosigkeit versetzt hatten. Seit je gilt es als probates Mittel der Schergen, ihre Opfer durch unterwürfige Angst gefügig zu machen, dass sie dann umso leichter ihr Spiel mit ihnen treiben können.

Selbstbehauptung, Selbsterhaltung meldeten sich jetzt, ließen geordnete Überlegungen anstellen: Bestand die Möglichkeit zur Flucht?

Aber war sie sinnvoll? Würde sie nicht einem Geständnis gleichkommen, dem Eingeständnis einer Schuld?

Zugegeben, der erste Anstoß zu meinem Handeln entsprang der Furcht, Teresa zu verlieren. Doch was hatte ich wirklich verbrochen?

Hatte ich irgend jemandem Schaden zugefügt? Oder gar gegen die zehn Gebote verstoßen?

Was wollten die Schergen von mir?! Steht der Arzt nicht immer zwischen den Fronten, muss er nicht auch den Ungeliebten, ja den Feind verbinden?

Solche Ansichten vor dem Kriegsgericht vorzubringen, sich etwa damit verteidigen zu wollen, schien freilich verfehlt. Das Kriegsgericht – und das ist in jeder Armee so – hat die Verletzung der Vorschriften, der Disziplin zu ahnden.

Doch in demselben Maß, als ich mich frei von echter Schuld fühlte, wuchs meine Willenskraft, wuchs die Bereitschaft, mich zu wehren und mich nicht als williges Opferlamm auszuliefern. Nur durch würdevolles, mutiges Auftreten, durch geistige Überlegenheit mochten wir bestehen und überzeugen. Vor allem galt es, nichts auszusagen, was uns in irgendeiner Weise zum Nachteil ausgelegt werden könnte.

Glückliche Fügung bestärkte die wieder gewonnene Haltung. Ein Schreiber, der Riegler von früher kannte (alte Frontgarde), flüsterte ihm gleich zu Beginn zu, dass wir nur auf Grund der Anzeige eines Kommandeurs von der Insel festgenommen und angeklagt seien, Beweise lägen nicht vor.

Obwohl man uns getrennt bewachte, gelang es Riegler, mir noch vor dem ersten Verhör einen Kassiber zuzuspielen: »Sie haben keine Beweise.«

Dementsprechend selbstsicher traten wir auf und ließen uns auch nicht durch den altbekannten Trick einschüchtern, man hätte bei einem Gefangenen ein Papier mit unseren Namen gefunden. So haben das Glück und Rieglers Mut entscheidend dazu beigetragen, die Verhöre mit Erfolg durchzustehen.

Bezeichnend für die Anzeige scheint mir das lange und intensive Fragespiel, das man mit uns über die Mädchen und deren Familien angestellt hat. Riegler, um eine Antwort nicht verlegen, wies, nach seinen eigenen Worten, auf die Wichtigkeit von frischem Obst und Gemüse besonders für Krankenstationen hin und die dadurch bedingte »Abhängigkeit« von Gärtnereien; ich selbst verwies auf die bekannte Zugehörigkeit von Teresas Vater zur italienischen Kriegsmarine – auch, dass es sich um eine deutschfreundliche Familie handle.

Nachdem die Verhöre ergebnislos verliefen, wurde von einer kriegsgerichtlichen Anklage Abstand genommen – ich glaube, dass sich der Oberstarzt für uns eingesetzt hat – und wir durften zu unserer Einheit zurück. Unsere Zimmer waren inzwischen von der Abwehr durchsucht worden, ebenfalls ergebnislos. Das Tagebuch hatte ich, gottlob, in einem

Versteck im Sanka für die bevorstehende Abfahrt verwahrt. Die Schwesternkleidung hielt Ljerka in Gewahr.

»Und jetzt nichts wie weg!« knurrte Riegler. Aber dieses »weg« gestaltete sich unerwartet schwierig, die in Salzburg erhoffte Überholung des Wagens schien auf einmal in Frage gestellt und der ganze Plan ins Wasser zu fallen, nur Riegler blieb zuversichtlich. Er sollte letztlich Recht behalten.

Wieder einmal – wie oft schon in diesem Jahr? – begegnete uns der »Zufall«. Ist er der »deus ex machina« des Schicksals?

Weil ein Kopfverletzter auf schnellstem Weg nach Bad Ischl in die Spezialstation gebracht werden soll, ist nun überraschend die Fahrt doch noch zustande gekommen und wir hoffen, mit einem »echten« Krankentransport, einem dringenden dazu, unbehelligt die Kontrollen passieren zu können. Die Rotkreuz-Uniformen der Mädchen haben so erst ihren richtigen Stellenwert erhalten.

Es ist Nacht und ich schreibe beim Licht einer Taschenlampe im Führerhaus unseres Sanka, den wir entgegen dem Befehl ebenso wenig verlassen haben wie die Landser ringsum. Alle suchen Schutz vor dem scharfen Nordwind, der über das Deck der Fähre fegt, und wir können, schon um unserer Mädchen willen, nicht aussteigen, da sie sofort auffallen würden.

Der Abschied von unserem Stabsarzt, der natürlich nichts von dem jetzigen Plan erfahren durfte, verlief sehr herzlich. Er erzählte uns, dass er mit dem Oberstarzt . . .

Ich muss schließen, die Fähre beginnt mit dem Anlegemanöver.

Im Feldlazarett gestaltete sich die Übernahme des Gehirnverletzten trotz der Nachtzeit schnell und einfach. Die Transportpapiere waren bereits ausgestellt. Leitner und Riegler legten selbst Hand an, jeden Kontakt der »Krankenschwestern« mit dem Sanitätspersonal zu vermeiden. Sie konnten jedoch nicht verhindern, dass in der Abwesenheit zwei Sanitätssoldaten an den Wagen traten, um mit den hübschen Schwestern zu schäkern. Als diese, wie ihnen aufgetragen, nicht antworteten, entfernten sich die Sanitäter verärgert:

»Die sind nur für Höhere da, für die Herrn Feldwebel und Ärzte!«

Für Leitner und Riegler begann mit der Übernahme des Verwundeten nicht nur ein verantwortungsvoller Auftrag, sondern auch das eigentliche Abenteuer. Leitner entschloss sich, während der Fahrt vorne im Führerhaus zu bleiben, um von hier Hindernisse und Verzögerungen schneller überwinden zu können, sah er doch in der raschen Überstellung die einzige, wenn auch geringe Chance für den armen Verletzten. Er vermochte so ebenfalls besser die Mädchen abzuschirmen und rechtzeitig zu warnen.

Bald nach der Abfahrt öffnete er das Verbindungsfenster nach rückwärts.

»Was macht der Verwundete?«

Teresa: »Er schläft.«

»Puls?«

Hans hatte vor der Fahrt einen Schnellkurs abgehalten.

Teresa griff nach dem Handgelenk: »Stark, aber mir kommt langsam vor.«

In Matulje verließen sie die Küstenstraße, um über Adelsberg (Postojna) und Laibach (Ljubljana) den kürzeren Weg nach Kärnten und Salzburg zu wählen. Schon nach wenigen Kilometern wurden sie von Feldgendarmen aufgehalten.

Als Leitner die Transportpapiere vorwies, erklärte der Gendarm, die Straße über Postojna sei wegen Partisanengefahr für Einzelfahrzeuge gesperrt. Sie müssten auf einen Konvoi warten oder den Weg über die Küstenstraße Abbazia - Pola - Triest nehmen.

Wer konnte sich bei der Verantwortung für den Verletzten auf ein ungewiss langes Warten einlassen? – Also zurück nach Matulje.

Rieglers nervös-gereizte Stimmung entlud sich in Kraftausdrücken: »Sch . . .,« schimpfte er vor sich hin, »erstens ist das ein blöder Umweg und zweitens gibt es dort kostenlose Unterhaltung, Tieflieger! Wir müssen die Dunkelheit ausnützen!«

Sie fuhren durch Abbazia mit seinen, verblichene Eleganz ausstrahlenden Hotelpalästen.

»Wie wär's mit einem Sonderurlaub in Abbazia?«, scherzte Leitner.

»Ja, und fallweise Partisaneneinsatz im Hinterland! Danke!«

Riegler hielt den Gashebel durchgedrückt und jagte den alten Sanitätswagen durch die Nacht, dass allen Angst und Bang wurde. In einer unerwartet scharfen Kurve geriet der Wagen mit seinen abgefahrenen Reifen ins Schleudern. Die Mädchen schrieen auf, aber der Feldwebel hatte den Sanka schon wieder in der Hand.

Leitner dämpfte: »Auf eine halbe Stunde kommt's jetzt nicht an! Aber ein Bad im Meer - Gnade uns!«

Die Straße schien in ihrem Kurvenreichtum endlos, einmal links, einmal rechts. Vom Meer war wegen der stockfinsteren

Nacht nichts zu sehen, man konnte es allein ahnen. Häuser, Häusergruppen, Zypressen huschten vorbei, dann wieder nur Macchie und Randsteine der Straße.

Stöhnen und Unruhe drangen durchs Verbindungsfenster aus dem Wageninneren.

»Vomita!« riefen die Mädchen.

»Sollen wir anhalten? Soll ich nach rückwärts kommen?«

»No, no!«

Teresa drehte den Kopf des Verwundeten zur Seite, dass das Erbrochene in eine Nierenschale floss.

»Bravo!«, lobte Hans, stolz auf den Erfolg seines Kurses. Riegler nahm von alledem keine Notiz, er hätte sicher auch nicht angehalten. Verbissen kämpfte er sich durch die Nacht.

»Wir müssen schauen, dass wir, noch bevor es hell wird, zumindest die Hälfte der Strecke Pola - Triest hinter uns haben. Denn dann heißt es sowieso nur mehr: Holzauge sei wachsam!«

Zornig bearbeitete er mit dem Fuß das Gaspedal, als wollte er es durch den Wagenboden treten.

»Dieser Sch . . .-Kobel bringt mich zur Verzweiflung!«

»Und hoffentlich bleibt er uns nicht liegen!« rief Leitner beschwörend, »ich überlege die ganze Zeit, was wir dann machen – außer einem dummen Gesicht!«

Noch verging eine Weile, bis es zu dämmern begann. Die Dezembernächte sind lang, auch in diesen Breiten.

Einige Male waren Straßensperren zu passieren. Meist kontrollierten gutmütige Landser, die weiterwinkten, sobald sie das Sanitätsauto erkannten.

Nur zögernd begann der neue Tag, dunkle, schwere Wolken hingen über der Küste.

»Freu' Dich nicht zu früh«, warnte Riegler, »aus solchen Wolken heraus sind wir schon von Tieffliegern angegriffen worden.«

Teresa klopfte ans Verbindungsfenster. Sie hob die Feldflasche mit dem Kamillentee in die Höhe und zeigte auf den Verwundeten. Hans öffnete das Fenster:

»Immer nur ein wenig! Sempre un surso!«

Riegler wollte keine Pause einlegen. Leitner musste ihm während der Fahrt die Feldflasche mit Kaffee reichen. Er selbst trank nur wenig und überließ den Hauptanteil dem Fahrer. Es fiel ihm überhaupt die Rolle des »Nährvaters« zu: Ob die Mädchen die Flasche mit Kaffee und das Brot entdeckt hätten? Eine Dose mit »Jagdwurst« schob er durchs Fenster, dem Feldwebel strich er Brote und reichte sie bissgerecht.

»Haben wir eigentlich genug Benzin für den weiten Umweg?«

»Da hab' ich keine Sorge, übergenug. Deshalb fürchte ich ja so die Tieffliegerangriffe!«

Die Kanister dufteten aus allen Winkeln.

»Wenn wir eine richtige Stelle finden, müssen wir den Tank nachfüllen«, Riegler blickte misstrauisch zum Himmel auf, »solange es noch so dämmerig ist.«

Um die Mittagszeit trafen sie in Triest ein. Von hier ab war die Straße sehr belebt, immer wieder mussten sie langsamer fahrende Kolonnen überholen und Rieglers Fahrweise schien umso aggressiver zu werden, je mehr sie sich Ziel und Heimat näherten.

»Wir müssen zuerst nach Ischl und dann müssen wir noch vor Tagesanbruch in Salzburg sein, damit niemand unsere Mädchen entdeckt!«, erklärte er erregt.

»Müssen, müssen! V o r s i c h t i g müssen wir sein! Wenn wir einen Unfall bauen, fliegt die ganze Sache auf und nach Salzburg kommen wir bestimmt nicht, weder v o r noch n a c h Tagesanbruch!«

Udine. Gemona. Das nicht enden wollende Kanaltal. Keine Überholmöglichkeit.

Zu Mittag reichte Hans den Mädchen eine Dose mit Schinken nach rückwärts, Marineverpflegung, Geschenk eines Marineangehörigen.

Der Kopfverletzte döste meist vor sich hin, verlangte ab und zu zu trinken; ein schmales, blasses Gesicht mit blondem Schopf und blauen Augen. Wenn er sie öffnete, etwa die Mädchen um Tee zu bitten, waren sie von einem Ausdruck, der Wissen um das eigene Schicksal verriet. Bei der Übernahme in Fiume hatten Leitner und Riegler Blicke gewechselt: Erhoffte man sich von Ischl Wunder?

Die beiden Mädchen, die zum ersten Mal mit einem Schwerverletzten – einem so jungen dazu – in Berührung kamen, waren zutiefst betroffen, von Mitleid ergriffen.

Arme Jugend, hüben und drüben – missbraucht, verheizt.

Gegen Abend kamen sie zur Staatsgrenze: Feldgendarmerie, durch Soldaten verstärkt, strenge Kontrolle aller Fahrzeuge. Ein Oberleutnant prüfte eingehend Marschbefehl, Transport- und Werkstättenauftrag und wollte auch ihre Urlaubsscheine sehen. Leitner's Befürchtungen wuchsen. Er dachte an die Mädchen im Wagen, ihr Aussehen, ihre Sprache und an die Ausweise. Weitere Erkundigungen mussten auf alle Fälle verhindert werden; im Übrigen ärgerte ihn die Art der Transportkontrolle eines so schwer Verwundeten. Ruhig, doch unmissverständlich schnitt er dem Offizier jede weitere Frage ab:

»Wir haben den Verletzten in der Nacht im Feldlazarett übernommen mit dem Auftrag, ihn so schnell wie möglich nach Ischl zu bringen, wie Sie den Papieren entnehmen können. Wir mussten wegen Partisanengefahr den Umweg über Triest wählen, seit vergangener Nacht sind wir ohne Pause unterwegs. Ich bitte Sie, jetzt die Weiterfahrt schon mit Rücksicht auf den Schwerstverwundeten nicht mehr zu verzögern!«

Das bestimmte Auftreten verfehlte seine Wirkung nicht, der Offizier gab die Papiere zurück und wünschte gute Fahrt.

Inzwischen hatte ein Feldgendarm, der seine Wichtigkeit und Gewichtigkeit aufreizend vor sich hertrug, Riegler aufgefordert, die hintere Türe des Sankas zu öffnen. Seit dem Kanaltal war es bei dem Verwundeten wieder zu vermehrtem Erbrechen gekommen und so geschah es auch in diesem Augenblick und in einem solchen Schwall, dass sich die Flüssigkeit in hohem Bogen über die Schale weg auf die Bahre und den ganzen Boden ergoss. Die beiden Mädchen, bemüht, der Eruption Herr zu werden, hatten keinen Blick für Türe und Kontrolle, Gott sei Dank, und der Feldgendarm, solchen Anblick nicht gewohnt, wandte sich schnell ab, da er selbst Brechreiz verspürte. Riegler schloss grinsend die Türflügel, nicht ohne sich ein leises »A . . .« verkneifen zu können.

Der Gendarm, noch in Hörweite, drehte sich um und ging auf Riegler los. Zum Glück bog der Unterarzt in diesem Augenblick um die Ecke des Wagens und rief aufgeregt:

»Riegler, wo stecken Sie denn? Wir müssen schauen, dass wir weiterkommen! Dem Verwundeten geht es schlecht.«

So lief der Auftritt glimpflich ab.

Nach einigen Minuten Fahrt erkundigte sich Leitner: »War irgendetwas Ernstes mit dem Gendarmen?«

»Ich kann die Bande nicht leiden! Diese Leute waren nie an der Front, markieren den großen Herren und können letzten Endes einem armen Frontschwein das Licht ausblasen!«

»Haben Sie wieder zu laut gedacht, Riegler? Stimmt's?« Leitner lachte.

»Der Teufel soll sie holen, diese Bagage!«

»Hauptsache, dass er uns nicht noch holt!«

Obwohl in den Talniederungen kein Schnee lag, wussten beide Salzburger, dass sie auf den Passhöhen damit rechnen mussten. Dass der altersschwache Sanka den Katschberg schaffen würde, war außerdem mehr als zweifelhaft. So entschlossen sie sich, die Route über Feldkirchen, St. Veit a. d. Glan, St. Michael und von hier über Trieben, Selzthal, Liezen, Steinach und den Pötschen-Pass nach Bad Ischl zu nehmen.

Der alte Sanitätswagen fuhr noch immer, mit mahlendem Geräusch, jetzt schon die zweite Nacht. Ihm waren fünf junge Menschen anvertraut, die der Krieg zusammengeführt hatte: Zwei Angehörige der Sanitätsgruppe mit recht unsicherer Zukunft wie Versetzung und Fronteinsatz nach dem Urlaub, zwei in Rotkreuz-Uniform geschmuggelte Mädchen mit nicht minder unsicherer Zukunft und ein vom Tod Gezeichneter, dessen Überführung in ein Spezialkrankenhaus den Vieren erst diese Fahrt ermöglicht hatte.

»Toi, toi, toi! Glück haben wir, dass uns der alte Sanka bisher nicht im Stich gelassen hat!«

Leitner suchte durch Gespräche wachzuhalten. Die Fahrt mit den abgedunkelten Scheinwerfern war außerordentlich anstrengend und ermüdend.

Riegler: »Ist auch in meinem Stall gestanden – Köpfchen!« Dann einschränkend: »Im Übrigen soll man den Gaul nicht zu früh loben! Noch kommt der Pötschen!«

Er, der Veteran, schaffte ihn und brachte, jetzt bergab drängend, mit jeder Serpentine seine Insassen der letzten Station vor Salzburg, der Übergabe des Verletzten in Ischl näher.

Gegen ein Uhr nachts hielten sie vor dem Krankenhaus.

Der Unterarzt war eingenickt und der Feldwebel ging mit den Papieren zur Aufnahme. Im Gang stieß er auf den Dienst habenden Arzt, der eben zu einem Patienten gerufen wurde.

Riegler meldete das Eintreffen des Verletzten und übergab die Papiere.

»Ah, da sind Sie endlich! Schon zwölf Stunden überfällig! Wo haben Sie sich denn herumgetrieben?«, schnauzte der Arzt, Oberarzt seines Zeichens, im Kasernhofton.

»Also, wo ist der Verwundete?«

Der Stillstand des Wagens und das Verstummen der Fahrgeräusche ließen inzwischen Leitner wach werden. Er konnte nicht mehr die Mädchen verständigen, der Oberarzt stand schon an der Wagentüre, so stieg er aus und berichtete über die Schwierigkeiten der Fahrt, besonders über den erzwungenen Umweg.

»Na, dann seh'n wir uns mal den armen Kerl an!«

Das militärische Gehabe des Oberarztes schien Leitner merkwürdig, sicher so ein überkompensierender Österreicher, nicht ungefährlich.

Nach demonstrativem Räuspern öffnete Riegler die Flügel der hinteren Sankatür. Im Licht der Taschenlampe bot sich ihnen ein Bild von eigenartigem Reiz: Neben der Bahre mit dem Verwundeten saßen die beiden Mädchen auf dem Boden, mit dem Rücken an die Wand gelehnt und vor Erschöpfung eingeschlafen. Die Schwesternhauben hatten sie abgelegt, die langen schwarzen Haare fielen frei über die Schultern. Während Ljerka die frische, trotzige Schönheit des Bauernmädchens auch im Schlaf nicht verleugnete, wirkte das Gesicht Teresas blass, abgespannt, aber voll madonnenhafter Anmut.

Der Anblick hätte die beiden Liebenden mit »Besitzer«-Freude erfüllen müssen, wenn die Situation nicht so kritisch geworden wäre.

»Na, da haben Sie ja sehr interessante Schwestern mitjebracht!«

Der Pseudopreuße stemmte beide Fäuste in die Hüften.

Durch die laute Stimme und die einströmende kalte Luft wurden die Mädchen wach.

»Mama mia!« Teresa erfasste als erste die Situation und suchte nach ihrer Haube.

»Habe mir ja jedacht, dass das keine deutschen Rotkreuz-Schwestern sind. Recht exotische Damen!« Und zu Leitner gewandt: »Ich glaube, Sie sind mir eine Erklärung schuldig.«

Dieser gab sich ruhig, Zorn und Vorsicht hielten sich die Waage.

»Und ich glaube, Sie verwechseln Heimatlazarett mit Front, Partisanenfront! Wenn Sie uns deutsche Schwestern beschaffen können, wird es uns nur freuen. Aber in der augenblicklichen Situation muss man dort froh sein, wenn überhaupt jemand mit uns zusammenarbeitet.«

»Besonders, wenn der ‚Jemand' so hübsch ist!«, spöttelte der Oberarzt. »Finde es jedenfalls eijenartig, dass man diesen Damen deutsche Rotkreuz-Uniformen anjezogen hat.«

Er sah Leitner scharf an.

Inzwischen waren zwei Sanitäter an den Sanka getreten und begannen die Bahre aus dem Wagen zu heben.

Wie nun der Verwundete, durch die Bewegung wach geworden, merkte, dass er ausgeladen wurde, griff seine rechte Hand nach den Händen von Ljerka und Teresa, hielt sie fest und mit einem unbeschreiblichen, verzweifelten Blick suchten seine Augen die der Mädchen.

Die Sanitätssoldaten hielten still. Auch der »Super«-Sanitätsoffizier schwieg.

Als dann die Bahre mit dem Armen im Spitalseingang verschwand, lud der Oberarzt Leitner, Riegler und auch die beiden »Damen« zu einem Kaffee ein. Aber der Feldwebel erinnerte in forciert militärischem Ton daran, dass der Wagen am nächsten Vormittag möglichst früh in die Werkstätte gebracht werden müsse, worauf sich der Oberarzt knapp und förmlich verabschiedete.

Unmittelbar nachdem sie wieder eingestiegen und angefahren waren, konnte sich Riegler nicht mehr zurückhalten: »Dieser Oa . . Ohrwurm! (er getraute sich anscheinend doch nicht). Hoffentlich haut er uns nicht noch 's Hackl ins Kreuz! Ist etwas in den Krankenpapieren über unsere Wagennummer oder unsere Einheit g'standen? Extra hab' ich nicht »Salzburger« Werkstatt g'sagt und ihm auch nicht unsere Papiere herzeigt.«

»Der komische Kerl soll sich lieber um den Patienten kümmern!«, bemerkte Leitner.

»Helfen werden d i e ihm auch nicht können, dem armen Teufel!«

Der Unterarzt öffnete das Verbindungsfenster zu den Mädchen: »Das war jetzt gefährlich, für uns alle!« Schlaftrunken hatten die Mädchen die Situation gar nicht erfasst.

»Che distanza ć è ancora a Salisburgo?«

»Circa sessante chilometri.«

Um vier Uhr früh hielt dann der Sanka endlich vor dem Elternhaus am Südrand von Salzburg.

Hans läutete am Gartentor. Es dauerte eine Weile, bis jemand die Balkontür öffnete.

»Was ist denn, bitte?«

Die Stimme der Mutter, die einen Patienten oder dessen Angehörigen vermutete.

»Ich bin's, Hans!«

Rasch wurde die Türe geschlossen.

Die Mutter musste sich erst ankleiden und so verging noch geraume Zeit, bis sie im Hauseingang erschien.

Während dessen begann Riegler das Gepäck von Hans und Teresa auszuladen und am Zaun aufzustapeln. Er hatte es sehr eilig und verabschiedete sich, so wie Frau Leitner das Gartentor aufschloss. Nach erster Umarmung und Begrüßung trug Hans das Gepäck ins Haus und es ergab sich, dass mit den letzten Gepäckstücken auch Teresa, die sich noch von Ljerka verabschiedet hatte, ins Haus trat. Das Licht wurde angedreht und jetzt erst nahm Frau Leitner auch Teresa wahr.

»Ja, wen hast Du denn da mitgebracht?«

Es klang nicht gerade freundlich.

Hans stellte vor: »Teresa von Racovich. Der Vater ist italienischer Marineoffizier.«

Und nach einigem Zögern: »Wir möchten heiraten.«

Beklemmendes Schweigen.

Wie jetzt Teresa in der hellen, kalten Diele der fremden Frau gegenüber stand, allein, ohne Familie, ohne Heimat, die beide sie zurückgelassen hatte, traf sie mit einem Schlag die ganze Gewissheit der Fremde, ja, ihrer Hilflosigkeit. In den Boden hätte sie versinken mögen, auf- und davon laufen.

Und ein böser Verdacht stieg in ihr auf: Hatte Hans seinen Eltern nicht geschrieben, hatte er gelogen?

Beklemmende Minuten des Schweigens. Oder waren es nur Sekunden – den beiden schien es Ewigkeit.

Nun, es wäre nicht Frau Irene gewesen, hätte sie sich nicht an ihren eigenen Antritt in der Familie Leitner, der alteingessenen Salzburger Arztfamilie, erinnert, an den Augenblick, da sie als junges Mädchen, als »Fremde«, noch dazu Wienerin, zum ersten Mal ihrer Schwiegermutter gegenüber stand.

Nein! Es sollte sich nicht wiederholen!

Sie schritt auf Teresa zu, streckte ihr die Hand entgegen und – ehe sie sich's versah, lag die kleine Teresa an ihrer Brust, die Tränen verbergend, die jetzt nicht mehr aufzuhalten waren.

»Mama!«

Frau Irene legte begütigend ihren Arm um das schluchzende Mädchen.

Teresa hatte gewonnen.

Unterdessen erschien, neugierig geworden, oben an der hölzernen Ballustrade Dr. Leitner sen. und betrachtete interessiert die rührselige Szene.

Teresa machte sich wieder frei und trocknete ihre Tränen, Frau Irene forderte die beiden auf, ihre Mäntel abzulegen, und führte sie in die »Bauernstube«.

Die Bauernstube, lange Zeit des Österreichers Lieblingskind, erreichte im Leitner'schen Haus ein besonderes Niveau. Die holzgetäfelten Wände wie die geschnitzte Decke schufen das stilvolle Ambiente für alte Stücke alpenländischer Möbelkunst. Ein geschnitzter Schrank aus dem Pinzgau und zwei Tiroler Sockeltruhen beherrschten den Raum. In das Leben der Familie integriert, prangten sie nicht wie museale Schaustücke oder tote Prunkobjekte. Und die maßvolle Beschränkung der Möbel vermied den Eindruck des Antiquitätenladens, wie er bisweilen bei Sammlern entsteht. Ein graugrüner Kachelofen, knapp vor dem Krieg gesetzt, unterstrich die Wohnlichkeit.

Auch Teresa, noch in bewegter Gemütsverfassung eintretend, fühlte die wohlige Ofenwärme, der würzige Duft der Holzscheiter hatte es ihr gleich angetan.

Ob sie Hunger hätten?

Nein, eigentlich nicht.

»Ein gutes Frühstück kann nie schaden«, entschied Frau Irene.

»Ich darf helfen?«

»Das ist sehr lieb, mein Kind. Aber setzen Sie sich erst einmal hin, Sie müssen ja todmüde sein!«

Sie sagte es in mütterlichem Ton, wie zu einer Schutzbefohlenen.

Jetzt konnte Hans nicht mehr an sich halten, er sprang auf, umarmte die Mutter und küsste sie.

»Nicht so stürmisch! Die Küsse dürften nicht mir allein gelten«, entzog sich lächelnd Frau Irene der Umarmung. »Ich gehe in die Küche.«

Dr. Leitner sen. trat ein. Er hatte von der Ballustrade aus das frühmorgendliche Geschehen miterlebt. Nicht nur Mitgefühl und ein Gefühl der Verantwortung waren es, die ihn für das Mädchen einnahmen, ihr Auftreten, ihre Art gefielen ihm, berührten ihn.

Mit betonter Herzlichkeit, die peinliche Empfangsszene vergessen zu machen, begrüßte er das neue Familienmitglied: »Willkommen in Salzburg, liebe Teresa!«

Zu Hans gewandt: »Du hättest uns schon ein bisschen vorbereiten können!«

Teresa nickte und schaute vorwurfsvoll auf Hans.

»Du hast gesagt!«

»Ihr müsst auch mich verstehen. Ich fürchtete, dass Du, Vater, und auch die Mutter Teresa ablehnen könntet, bevor Ihr sie überhaupt gesehen habt. Vergesst auch nicht, dass es eine Zensur der Feldpost gibt!«

Leitner sen. wandte sich wieder Teresa zu: »Nehmen Sie doch Platz!«

Hans zog sie neben sich auf die Ofenbank.

Der Vater fuhr fort: »Sie sind von der Insel, wie ich annehme?«

»Si, si. Ja.«

»Ah, Italienerin.«

»Meine Mutter ist von Venezia und mein Vater von der Insel. Er ist Capitano di Corvetta bei der italienischen Marine. Aber ich weiß nichts von ihm, schon mehr als ein Jahr.«

Der alte Herr sah teilnahmsvoll Teresa an.

»Der Krieg ist schrecklich, zu verurteilen; jeder Missbrauch der Macht aber nicht minder. Unschuldige müssen immer am meisten leiden.«

Nach einer Weile: »Ich kenne Ihre Heimat nicht, aber Abbazia. Dort war ich als Kind mit meinen Eltern im Urlaub, vor dem Ersten Weltkrieg, als es noch zu Österreich gehört hat. Mit meiner Familie bin ich dann später im Sommer nach Grado gefahren, einige Male.«

»Hans hat mir erzählt.«

»Aha, schon Familiengeheimnisse ausgeplaudert!«, der alte Herr lachte.

»Mein Großvater war bei der österreichischen Marine Linienschiffskapitän.«

»Aber!«

»Er hat lange in Graz gelebt.«

»In Graz! Dort habe ich zu studieren begonnen. Erst später bin ich dann an die Universität Wien übersiedelt.«

Frau Irene brachte das Frühstücksgedeck. Teresa half beim Aufdecken und die Hilfe fand schwiegermütterliche Anerkennung.

Der Kaffee duftete – im eigenen Haus musste man keine schnüffelnden Denunzianten fürchten – und hielt auch, was der Duft versprach. Der Gugelhupf, Überbleibsel vom Geburtstag des alten Herrn, verdiente – kriegsbedingt – seinen Namen nur, was die Form betraf.

Während des Frühstücks berichtete Hans von den Erlebnissen der Fahrt, streifte kurz die Vorbereitungen, ohne die Verbandsaffäre zu erwähnen. Das konnte später geschehen, jetzt sollten die Eltern nicht noch mehr beunruhigt werden. Aus ähnlichen Gründen berührte er auch nicht die Konfrontation mit dem Oberarzt in Ischl.

»Wir müssen froh und dankbar sein, dass alles so ‚gelaufen' ist. Der Zufall«, er wiederholte, »der so genannte Zufall ist uns oft genug zur Seite gestanden.«

Nachdenklich: »Wenn der Zufall vom Schicksal gesandt wird, dann war uns das Schicksal sehr gewogen. Ob es beeinflussbar ist? Durch festen Glauben an ein Gelingen?«

Er sah vor sich hin. »Vielleicht doch?«

Ausführlich suchte er dann den Grund zu erklären und um Verständnis zu bitten, weshalb er alles daran gesetzt hatte, Teresa zu diesem Zeitpunkt auf doch recht riskante Weise nach Salzburg zu bringen.

»Teresa sollte auf keinen Fall, auch nach Meinung ihrer Familie, auf der Insel bleiben. Frau Racovich hoffte, mit ihrer Tochter nach Grado zu kommen und dort bei Verwandten bis zum Kriegsende auszuharren. Mir und ebenso Teresa war aber inzwischen klar geworden, dass die zu erwartenden Ereignisse erst in Jahren, wenn überhaupt, ein Wiedersehen erlauben würden. Fairerweise überließ die Familie

Teresa die Wahl, der Mutter nach Grado oder meinem Angebot nach Salzburg zu folgen. Teresa hat sich für mich entschieden.«

»Wir wollten beisammen bleiben«, fügte er leise hinzu.

Frau Irene lenkte das Gespräch auf die Insel.

»Hans hat uns immer wieder geschrieben, wie schön die Gärten in Ihrer Heimat sind«, sie wendete sich Teresa zu, »wie ist das bei der langen Trockenzeit im Sommer möglich?«

»Wenn es bei uns auch nicht so viel regnet wie hier in Salzburg«, Teresa blickte lächelnd zu Hans, »und wir haben nur Zisternenwasser, die Pflanzen haben genug, sie sind nicht verwöhnt.«

Teresa, die, glücklich über entdeckte Gemeinsamkeiten, Sympathien zu mehren hoffte, suchte das Thema weiter zu spinnen und es entwickelte sich trotz mancher Schwierigkeit ein lebhaftes Gespräch über Blumen und Gärten. Indes wollte der alte Herr anderes über die Insel wissen, besonders über Bewohner, zwei- und mehrbeinige, und bald fand sich die kleine Morgengesellschaft in angeregter Unterhaltung. Erst die Erinnerung an den Ordinationsbeginn beendete das erste Beisammensein der größer gewordenen Familie, das ein wenig kritisch begonnen hatte.

Frau Irene wandte sich an Hans und Teresa: »Du, Hans, schläfst in Deinem Zimmer. Es ist wohl kalt, aber mit den warmen Decken wirst Du nicht frieren. Teresa führe ich ins Gästezimmer, ich habe dort eingeheizt.«

Sie nahm Teresa an der Hand.

»Hans, bitte trage das Gepäck in den ersten Stock!«

Als Frau Irene wenig später allein in die Bauernstube zurückkehrte, ließ sie sich neben ihren Mann auf die Ofenbank fallen und zündete eine Zigarette an.

»Gib mir einen Cognac!« Sie blies den Rauch kräftig von sich.

Hans sen. öffnete ein Wandschränkchen.

»Einen Obstler?«

»Von mir aus!«

Während er zwei Gläschen füllte, meinte er nebenbei: »Hätten wir's anders gemacht?«

Frau Irene seufzte: »Wahrscheinlich nicht. Teresa scheint ja ein ganz liebes Mädchen, aber wie will er sie heiraten? Sie ist Italienerin!«

»Ja, die Insel hat bis zur Kapitulation zu Italien gehört.«

»Können deutsche Staatsbürger derzeit italienische heiraten?«

»Ich weiß nicht, vielleicht noch eher als jugoslawische.«

»Ob uns die Berger helfen können? Er ist doch Goldfasan und hat sicher Beziehungen zum Magistrat, vielleicht direkt zum Standesamt. Die werden die Gesetzeslage kennen.«

»Wir müssen vor allem sehr vorsichtig sein, damit das Mädchen nicht noch wegen unerlaubten Aufenthaltes verhaftet und zum Schluss in eine Munitionsfabrik oder in ein Arbeitslager gesteckt wird. Und Hans kommt vor ein Kriegsgericht wegen Menschenschmuggel oder weiß Gott was alles.«

Von der Straße drangen die ersten Geräusche des Frühverkehrs ins Zimmer, Lastwagenholzvergaser, Militärwagen.

Noch immer herrschte Dunkelheit und man konnte nur hoffen, dass niemand die Ankunft Teresas bemerkt hatte. Es wurde beschlossen, sicherheitshalber das Mädchen zunächst zu verstecken.

Von dieser strengen Regel wurde nur am darauf folgenden Tag auf Hans' inständige Bitte eine Ausnahme gemacht.

Der erste Schnee war über Nacht gefallen.

Von der Höhe des Untersbergs her und vom Gebirgskranz im Süden glänzte er schon lange. Jetzt lag er auch in den Niederungen, selbst in der Stadt, auf den Straßen und Gehsteigen, noch dünn und verletzlich.

Spät begann der Morgen, mit verhangenem Himmel, und auch tagsüber wich die Dämmerung nicht, als wollte sie den ersten Schnee behüten, ihn schützen vor der Neugier der schmelzenden Sonnenstrahlen.

Hans wünschte sehnlichst, gemeinsam mit Teresa wenigstens etwas vom Zauber dieses Tages, vom Zauber Salzburgs im ersten Schnee zu erleben, und wenn es nur ein Spaziergang zum recht nahe gelegenen Schloss Hellbrunn wäre.

Der Leitner'sche Garten besaß an der Rückseite einen Ausgang auf unverbautes Gebiet, eine kleine Gartentür, durch die Hans und Teresa unbemerkt von Nachbarn das Haus verlassen konnten. Teresa wurde in eine dicke Jacke gepackt, die bis über die Knie herabreichte, die Füße staken in Wollsocken und festen »Haferlschuhen« und die langen schwarzen Haare lagen gebändigt unter einem großen Kopftuch, dass von der ganzen kleinen Teresa außer dem lieben Gesicht nicht viel zu sehen war.

Befürchtungen, wie kontrollierenden Militärstreifen, Polizisten oder auch einfach nur Bekannten zu begegnen, trafen zum Glück nicht ein. Teresa in ihrer Vermummung und Hans im ausgedienten Lodenmantel mit dem »Schladminger« auf dem Kopf, wirkten wie ein ärmliches Paar vom Land, dem die wenigen Menschen auf der Straße kaum Beachtung schenkten. Auch die allgemeine Dämmerung tat das ihre, hüllte sie in die gewünschte graue Unauffälligkeit.

Ungestört erreichten sie das Schloss und traten in den Innenhof. Wo sonst im Sommer und Frieden das babylonische Stimmengewirr der Touristen den Raum erfüllt, herrschte heute feierliche Stille und das erste Weiß, über Hof und Treppen gebreitet, an Sims und Kanten der Schlossfassade geweht, erhöhte diese Feierlichkeit. Sie standen schweigend, Teresa, eng an Hans gelehnt, verstand auch ohne Erklärung: Ein italienisches Schloss im Schnee.

Als sie aus dem Hof hinaustraten, fiel Teresa das schmale Gebäude auf, das vom steilen Hügel gegenüber geheimnisvoll herabsah. Mit zwei obeliskgekrönten Giebeln, Geisterfingern gleich, stand es zwischen hohen Bäumen, als müsste es noch immer ein Geheimnis hüten.

»Das Monatsschlössl. Ich werde Dir später einmal die Geschichte erzählen.«

Sie kamen an den barocken Teichanlagen vorbei, die verlassen, öde, mit Eis bedeckt, jetzt nur wenig von ihrem sommerlichen Reiz erahnen ließen, wanderten weiter hinein in die dämmernde Tiefe des alten Parks.

Der zarte erste Schnee war kein Künstler, der neue Formen schuf, er verhüllte nicht mit weißen Pölstern, setzte keine Hauben auf, er färbte nur an, zeichnete nach, die Halme im Gras, den Kies am Weg, die dürren Zweige auf dem Boden und überzog, an Bäumen und Sträuchern zu Eis gefroren, das kahle Geäst mit dünnem Zuckerguss bis an die feinsten Enden.

Eine Allee besonderer Art zog Teresas Aufmerksamkeit auf sich. Hohe spitzkegelige Koniferen, deren lange grüne Röcke herab bis zur Erde reichten, standen in zwei dichten Reihen, dass einer, der dazwischen trat, aller Sicht entzogen war.

Bewundernd hielt Teresa vor den Nadelriesen. Sie lehnte sich eng an Hans.

»Mi racconta, per favore, una fiaba!«

Hans überlegte kurz, dann fasste er Teresa an der Hand und, während es jetzt schon zu dunkeln begann, führte er sie durch das Spalier der angezuckerten Bäume.

»Vor langer, langer Zeit lebten einmal ein Mädchen und ein Bub, die mochten einander sehr. Weil aber die Eltern, die miteinander in Feindschaft lagen, das nicht gerne sahen, flohen die beiden eines Tages von zu Hause fort. Nachdem sie den ganzen Tag gegangen waren, kamen sie gegen Abend, schon todmüde, in diese Gegend hier, wo damals noch ein großer, finsterer Wald stand, in dem Riesen, giganti, wohnten. Die Riesen nahmen die beiden auf, gaben ihnen zu essen und zu trinken und gestatteten ihnen, in ihrer Höhle zu schlafen.

In der Nacht berieten die Riesen, was mit den Kindern weiter geschehen solle. Weil sie immer mehr Angst bekamen, die Kinder könnten ihr Versteck verraten, beschlossen sie schließlich, sie zu töten. Doch kaum hatten sie es getan, wurden sie von Reue erfasst und wollten die Kinder wieder zum Leben erwecken. Umsonst, es war zu spät und eine harte Strafe erwartete sie: Sie wurden in Bäume verwandelt und verhalten, alle Menschen, die durch ihre Reihen gehen, zu schützen und ihnen zu helfen, bis sie ihr Glück gefunden haben. So müssen sie stehen, im Sommer wie im Winter, bei Hitze und Kälte, bei Sturm und Regen, und ihre Schuld abbüßen.«

»Werden sie auch uns helfen?«

»Bestimmt, wenn wir nur fest daran glauben!«

Die Liebe lässt Menschen gerne zu Kindern werden.

Die Erkundigungen, die der Nachbar, Herr Berger, seines Zeichens »Politischer Leiter« – von Frau Irene wegen der Uniform »Goldfasan« genannt – unter Beachtung äußerster Vorsicht einzog, fielen nicht gerade ermutigend aus. Eine Heirat zwischen italienischen und deutschen Staatsbürgern war zwar möglich, weil Italien nach wie vor als offizieller Verbündeter galt, aber der ausländische Partner hatte auf alle Fälle ein so genanntes Ehefähigkeitszeugnis seiner Heimatbehörde dem Standesamt vorzulegen. Darin wurde die Ehefähigkeit »des« oder »der« bestätigt, insbesondere dass kein rechtliches Ehehindernis vorliege und bei Unmündigkeit, damals noch unter einundzwanzig Jahren, die Einwilligung des Vaters / oder Vormundes gegeben sei. Konnte der ausländische Partner das Zeugnis nicht beibringen, musste er um Befreiung beim zuständigen Kreisgericht ansuchen.

Teresa besaß neben ihrem Pass (noch aus der italienischen Zeit), neben Taufschein und anderen Personalausweisen die schriftliche Einverständniserklärung des Onkels (in Vertretung des Vaters) wie auch der Mutter, nicht aber das Ehefähigkeitszeugnis der Heimatbehörde, die es infolge der Kriegsverhältnisse nicht mehr gab.

Das Ansuchen um Befreiung beim Kreisgericht bedeutete jedoch die Einbeziehung eines größeren Personenkreises mit unberechenbarem Ausgang, dass Berger diesen Weg von vornherein ausschloss. Er beschwor ebenso Hans, vorläufig das Ansuchen um Heiratserlaubnis an die Wehrmacht hinauszuschieben, da auch von dort unliebsame Erkundigungen eingezogen werden könnten.

So erwies sich die erhoffte schnelle Heirat, in naivem Glauben versprochen, als falsche Erwartung. Wichtigste Maßnahme schien jetzt, zumindest den Aufenthalt Teresas in Salzburg behördlich abzusichern. Ausländer bedurften einer besonderen Genehmigung, die Anwesenheit Teresas, besonders auf längere Zeit hin, war gefährdet.

Familie Leitner schuldete ihrem Nachbarn schon sehr viel Dank, dass es ihm gelang, diese Aufenthaltsgenehmigung für Teresa zu erwirken; Dank für seinen persönlichen Einsatz.

Diktaturen pflegen meist nicht in Moll, mit friedlichem Schalmeienklang abzutreten; sie gehen mit der Disharmonie schriller Hassgesänge im blutigen Fortissimo unter. Gegenseitiges Misstrauen wächst und die Suche nach »Schuldigen« und »Verrätern« macht vor den eigenen Reihen nicht Halt. Angesichts der immer deutlicher werdenden Endphase von Krieg und Diktatur bedeutete es für Berger ein nicht zu unterschätzendes Risiko, sich so für die private Angelegenheit der Familie Leitner zu exponieren.

»Offiziell« begründete man die Notwendigkeit für den Aufenthalt der »weitschichtig Verwandten« damit, dass sie für die Pflege von Frau Irene und die Führung des Arzthaushaltes unentbehrlich sei. Das entsprechende ärztliche Zeugnis stellte ein bekannter Internist aus, der schon seit vielen Jahren Frau Irene wegen ihrer Arthritis behandelte. Diese Arthritis hatte sie bereits mehrfach ins Bett gezwungen und so war das Attest nicht aus der Luft gegriffen.

Trotzdem jetzt der erste und wahrscheinlich wichtigste Schritt für Teresa getan schien, drang Berger darauf, sie auch weiterhin im Haus verborgen zu halten. Nicht leichtfertig sollten »Neugierige« auf den Plan gerufen werden, die dann das Behördeninteresse bestimmter, von Berger bewusst gemiedener Stellen weckten, Interesse etwa für Art und Zweck der Einreise Teresas. Alle und alles könnte das noch in Gefahr bringen.

Gezwungenermaßen musste Hans jetzt die Hilfe des Nachbarn, die er nur ungern gesehen hatte, anerkennen, weil er Berger als politischen Emporkömmling ablehnte. Während des Nachtmahls meinte er:

»Ich frage mich manchmal, ohne selbstverständlich unsere Dankespflicht mindern zu wollen, welche Gründe es sind, die Herrn Berger bewegen, sich so für uns einzusetzen.«

»Sie sind bei Frau Berger zu suchen, die sehr großen Einfluss auf ihren Mann besitzt. Vielleicht kann ich es erklären. Du warst die letzten Jahre selten zu Hause, und dann«, Frau Irene lächelte, »meist nur kurz.«

Sie wandte sich an ihren Mann: »Spendierst Du eine Flasche Wein, eine aus Deinem Geheimfach? Dass so viel für Teresa erreicht ist, sollten wir wirklich feiern. Sonst gibt es bei Gott derzeit wenig Grund dafür. Was meinst Du?«

Der alte Herr kam mit einer Flasche »Trockenbeerauslese« aus dem Burgenland. Dass die Wahl richtig getroffen, bekundeten Mienen und Worte der Damen.

Frau Irene begann, mit Rücksicht auf Teresa bewusst langsam: »Frau Berger ist die Tochter eines, wenn auch kleinen Landesbeamten. Sie heiratete gegen den Willen ihrer Eltern den gut aussehenden, doch armen Malergesellen, für den keine Aussicht bestand, je als Meister einen eigenen Betrieb führen zu können. Wie bekannt, wandte er sich der Politik zu und, die Verhältnisse nach dem Anschluss Österreichs an Deutschland nutzend, gab er seinen Beruf auf, wurde Parteifunktionär, der schnell die Karriereleiter erklomm. Durch die materielle Besserstellung konnten die Bergers dann knapp vor Kriegsbeginn das Haus neben dem unseren kaufen. Auf den Höhenflug folgte allerdings ein schwerer Schicksalsschlag für die Familie: Der einzige Sohn fiel, wie Du, Hans, weißt, an der Ostfront.

Zu uns war Frau Berger von Anfang an um persönliche, um mehr als nachbarliche Beziehungen bemüht, vielleicht suchte sie die Bestätigung ihrer neu gewonnenen Stellung durch den Umgang mit einer alt eingesessenen Familie. Engerer Kontakt besteht seit zwei Jahren.

Frau Berger, noch unter dem Schock des schmerzenden Verlustes, erkrankte an einer schweren Lungenentzündung, lehnte aber Spitalsbehandlung ab. Ich brauche Dir, Hans, nicht zu sagen, was ein derartiger Wunsch für den Arzt bedeutet: Außergewöhnlichen Einsatz, viel mehr noch außergewöhnliche Verantwortung, die bei schlechtem Ausgang zumindest mit belastenden Vorwürfen, wenn nicht mit gerichtlichem Nachspiel belohnt werden kann.

Gottlob – es ist alles gut gegangen. Aber dass dieser Einsatz, diese Leistung auch anerkannt, ja mit bleibendem Dank quittiert wird, ist nicht allzu häufig und schon als erhebliche Gutschrift zu buchen. Ich glaube, es wäre richtig, wenn Ihr, Teresa und Du, jetzt einen Dankesbesuch abstatten würdet.«

Am nächsten Morgen erfolgte auf Frau Irenes Anfrage prompt die Einladung, bereits für den nächsten Abend – man hatte darauf gewartet.

Bei noch verordnetem Hausarrest und Versteckspiel, die auch deshalb schmerzten, weil sie an dem seit der Kindheit geübten Kirchgang hinderten, bedeuteten für Teresa die Weihnachtsvorbereitungen willkommene Abwechslung. Art und Umfang solcher Vorbereitungen waren ihr von zu Hause unbekannt. Sie fielen natürlich im letzten Kriegswinter weitaus bescheidener, weniger aufwändig aus als in Friedenszeiten; zu kaufen gab es ja auch kaum etwas, doch dieser Mangel wurde durch den größeren Aufwand an Zeit, Sorgfalt und Liebe wettgemacht. Man band selbst den Adventkranz, bastelte Christbaumschmuck, versuchte sich im Kerzengießen und tauschte »Ersatz«-Rezepte für den Weihnachtstisch – bewundernswert ihre Erfinderinnen!

Nur – die vorweihnachtliche Stimmung wurde heuer durch etwas anderes, Schlimmeres, Unerwartetes viel mehr belastet: Seit dem 16. Oktober fielen auch auf Salzburg Bomben. Lange hatten die Bewohner geglaubt, gehofft, dass ihre Stadt, durch die Festspiele international bekannt, als eine der schönsten Städte der Welt gepriesen, ähnlich den italienischen Kunststätten, von Bombardements verschont bliebe. Solcher Ansicht war auch Hans gewesen, als er Teresa bewog, mit nach Salzburg zu kommen. Die Eltern hatten ihm nichts von den Luftangriffen geschrieben, um ihn nicht zu beunruhigen, und wer weiß, ob derartige Nachrichten die Zensur passiert hätten.

Teresas Gemütsverfassung war an einem Tiefpunkt angelangt. Die größte Freude bereitete ihr noch neben den Weihnachtsvorbereitungen die nachmittägliche Arbeitsrunde, an der neben Hans' Mutter auch Frau Piquet, eine ältere Studienrätin und langjährige Freundin des Hauses, teilnahm.

Es wurde gestrickt, genäht und gehäkelt – was Teresa bevorzugte. Herren waren schon wegen des Überraschungseffektes ausgeschlossen und Teresa sah sich ungewollt in eine der von ihr bisher so verachteten Damenrunden versetzt. Die Hauptanziehungskraft dieser kleinen Runde schien Frau Piquet, die Studienrätin. Sie, die Weitgereiste, verfügte über ein hervorragendes Erzähltalent und brachte neben fotografischen Aufnahmen auch Proben interessanten Indianerschmucks mit, den sie bei Reisen durch Kolumbien, Peru und Bolivien erstanden hatte.

Als alte Vertraute des Hauses war sie in die Schwierigkeiten rings um die Heirat von Hans und Teresa eingeweiht. Schnell merkte sie, welche Art von Mädchen sie vor sich hatte und um wie viel anders und höher das Interessensniveau Teresas lag als das so vieler Mädchen in diesem Alter, meist narzisstisch auf »Schönheit«, Kleider und »Erlebnisse« eingeengt. Zwischen der alternden, unverheiratet gebliebenen Professorin, die auch über Italienisch-Kenntnisse verfügte, und dem jungen Mädchen erwuchsen aus erster Neugier Achtung und Sympathie, ja Freundschaft – eine Freundschaft, die dauerhaft blieb und gerade in dieser ersten Zeit des versuchten Einwurzelns für Teresa große Bedeutung besaß.

Frau Irene, der eine Schwiegertochter mit weniger Komplikationen freilich genehmer gewesen wäre, sorgte sich um Teresa, ihr tat das Mädchen leid. Sie konnte und wollte ihren Sohn nicht schuldlos an Teresas Lage sehen: Egoistische Liebe, die nur Besitzen kennt. Aber ziemt es nicht der Jugend, zu besitzen statt zu verzichten? Gäbe es dann junge Ehen, wenn alle Liebe im Verzicht endete?

Frau Irene musste lächeln: Wie schnell man doch vergisst!

Tagebuch

19. Dezember 1944

Unter den Familienmitgliedern ist ein stilles Wetteifern erwacht, Teresa ein liebevolles Weihnachtsfest zu bereiten – das erste in ihrer neuen, noch recht verschlossenen Heimat.

Mir fiel die Aufgabe zu, einen besonders gut gewachsenen Christbaum zu besorgen. Ich erinnerte mich da eines Bauern, eines Bergbauern im Tennengebirge, bei dem ich schon einige Schiurlaube verbracht hatte. Man muss von der Bahnhaltestelle zu Fuß noch eine gute Stunde bergauf gehen; jetzt, so hoffte ich, bei noch nicht allzu hohem Schnee.

Bereits am nächsten Tag saß ich im Zug. Als sich dann beim Aufstieg nach der letzten Wegkrümmung das vertraute Bild auftat, der stolze Hof mit dem Tennengebirge als kulissenhaftem Hintergrund, entbrannte in mir der heftige Wunsch, hier mit Teresa zusammen wenigstens ein paar glückliche Tage, fernab vom »Salzburger Gefängnis«, zu erleben. Wie viele Tage gehören uns denn noch bis zum nächsten Fronteinsatz?

Im Haus waren außer dem Bauern und der Bäuerin nur die beiden Töchter anwesend; Rupert und Josef, die beiden Söhne, standen an der Ostfront. Trotz der gedrückten Stimmung wurde ich mit aufrichtiger Wiedersehensfreude begrüßt. Der Bauer suchte im Wald eine regelmäßig gewachsene Fichte aus, Geld, das ja auch keinen rechten Wert mehr besitzt, lehnte er ab, freute sich aber über die von meiner Mutter gestrickten Wollhandschuhe.

Während des Mittagessens, es gab duftenden Eierschmarren, kam ich auf meinen Urlaubswunsch zu sprechen. Die Bäuerin erklärte sich gleich bereit, zwei Fremdenzimmer zur Verfügung zu stellen, wiewohl sie seit Jahren nicht mehr vermiete.

Die Fremdenzimmer, ich weiß es noch, befinden sich im Nebengebäude. In dem aus Holz errichteten Obergeschoss sind vier Schlafzimmer untergebracht. Den größten Teil des mit Stein gebauten Erdgeschosses nimmt ein einfacher, gemütlicher Raum ein, grüne Ofenkacheln sorgen im Winter für Wärme. Vier waagrechte Holzstangen, mit Eisenstäben an der Zimmerdecke befestigt, hängen im Rechteck über einem kleinen, an den Ofen angebauten Herd und dienen zum Trocknen nasser Kleidungsstücke. Eines amüsanten Details erinnere ich mich noch: Schuber an der Holzdecke geben bei Bedarf viereckige Öffnungen frei, damit die warme Luft in die Schlafzimmer darüber aufsteigen kann, eigene Wärmequellen besitzen diese nicht.

Die Bäuerin erbot sich auch, für uns beide mitzukochen, wenn wir uns mit ihrer Küche zufrieden gäben – »halt das Fräulein Braut.«

Woher sie denn wäre? Das interessierte auch die Töchter.

Jetzt bereute ich mein Urlaubsanliegen.

Kurz berichtete ich von Teresa und ihrer Herkunft, von den Schwierigkeiten, die der Heirat mit einer Ausländerin entgegen stünden, und bat eindringlich alle Anwesenden, mit niemandem darüber zu sprechen, schon um Teresa nicht in Gefahr zu bringen.

Es versprachen das alle, doch vermeinte ich in den Mienen der alten Bauersleut' Zurückhaltung zu lesen: Angst vor Unannehmlichkeiten? Oder Ablehnung der »Fremden«, der »Welschen«? Anders die Töchter, vierzehn und sechzehn Jahre: Sie fanden, ihrem Alter entsprechend, die Angelegenheit interessant und gaben ihrem Unmut darüber Ausdruck, dass man nicht heiraten dürfe, wen und wann man wolle.

Ich kann nur hoffen, dass die Angelegenheit in der Familie bleibt.

Tagebuch

24. Dezember 1944, spät abends

Der heilige Abend ist gut vorbei gegangen. Ich habe für Teresa gefürchtet. Sie trägt zwar nach außen hin tapfer ihr Los, aber ich ahne, wie es wirklich um sie steht. Der Empfang in der neuen Heimat und die ihn begleitenden Umstände sind wahrlich nicht dazu angetan, Hochgefühle zu wecken. Ich bekenne, dass ich in großer Naivität nicht mit solchen Schwierigkeiten gerechnet habe. Aber wie hätten wir es anders machen sollen?

Meinem alten Herrn muss ich sehr dankbar sein, dass er es verstand, Teresa mit seinen Zauberkunststücken aufzuheitern, wie auch vor zerstörerischer Sentimentalität zu schützen.

Ob sich Teresa wirklich über den Brillantring gefreut hat? Sie versteht natürlich viel von solchen Dingen. Der bekannte Juwelier in der Altstadt hat mir den Ring mit allen Zeichen besonderer Bevorzugung verkauft. Vielleicht wäre ihr ein anderes Geschenk – ein Kleid, ein hübscher Mantel – lieber gewesen, aber ein Kleidungsstück hätte ihre persönliche Anwesenheit erfordert und die gerade galt und gilt es zu vermeiden. Die Familiengeschenke waren bescheiden, entstammten meist der Damenrunde.

Ja und morgen ist es so weit: Wir fahren in den Tennengau, in »unseren« Urlaub, zu dem auch meine Mutter ermuntert hat, weil Du, Teresa, glaubtest, zögern zu müssen – was die Mutter sehr wohl anerkannt hat. Doch die befreiende, legitimierende Trauung wird so knapp sich stellen, dass uns kaum noch Zeit vor neuer Trennung bleibt. Und jetzt gehört sie uns noch, die Zeit, gehört uns noch der Tag, gehört uns noch die Stunde.

Als ich vor einem Jahr mit dem Tagebuch begann, schrieb ich, es sei der Vertraute des Einsamen. Ich bin nicht mehr einsam. Du bist bei mir, Teresa, und bleibst es auch, wenn noch so viele Trennungen auf uns zukommen. Und Dir gelten alle meine Gedanken, so ich dieses Tagebuch schließe.

Kurz nach den Feiertagen stieg in der Haltestelle Hellbrunn-Glasenbach dem Personenzug ein ärmlich gekleidetes Paar zu; er im abgetragenen Lodenmantel, sie in überlanger Jacke, das Kopftuch tief in die Stirn gezogen. Gepäck trugen die beiden nicht mit sich.

Schier und Koffer hatte Hans schon früher auf den Bauernhof geschafft. Für Teresa war eine passende Winterausrüstung aus Hans' Gymnasialzeit gefunden worden, da Schier, Schuhe und Stöcke damals ohne weiteres von Jüngeren und Kleineren nachgetragen werden konnten. Sie besaßen noch nicht den hochtechnologischen Charakter wie in späteren Jahren.

Während draußen die winterliche Landschaft vorüber glitt, herantretende Berge mehr und mehr den Blick einengten, bis ihn die Salzachschlucht auf Felswände und schäumendes Wasser beschränkte, meldeten sich bei Teresa jene Bedenken wieder, die sie von Anfang gegen diesen Urlaub gehegt hatte, gegen diesen Urlaub v o r der Hochzeit.

Freizügigkeit junger Paare vor oder ohne Ehe war – in allen Kreisen – noch nicht verpflichtende Institution geworden und musste bei entsprechender Erziehung und naturgegebener Hemmung Schuldgefühle wecken.

Im Waggon saßen nur wenige Mitreisende, Einheimische, die von Besorgungen in der Stadt zurück fuhren. Hans und Teresa vermieden, mit jemandem anderen oder auch nur miteinander zu sprechen, und so blieb Teresa allein mit ihren Gedanken, die nicht Entschuldigung oder gar Vergebung, aber die entscheidende Bestimmtheit brachten, diesen letzten Schritt um der Liebe willen zu tun, für die sie schon so viel, ja alles getan hatte.

Unangenehme Überraschungen erwarteten die beiden, als sie in der Haltestelle am Fuße des Tennengebirges den Zug verließen. Der Nebel, schon während der Fahrt immer dichter, schien hier undurchdringlich. Die feuchte, graue Kälte prickelte im Gesicht und drang in die Kleider. Fröstelnd stellten sie den Kragen auf, Teresa verkroch sich in ihre große Jacke und band das Kopftuch fester. Vom Bauern, der versprochen hatte, sie mit dem Schlitten abzuholen, war nichts zu sehen. Also machten sie sich zu Fuß auf den Weg.

Aber der hohe Schnee! Kniehoch behinderte er das Gehen, erst recht das Steigen. Mit so viel Neuschnee in den Bergen hatte Hans nicht gerechnet.

Bereits nach kurzer Zeit war Teresa anzusehen, dass sie dieser ungewohnten Anstrengung nicht gewachsen war.

»Sollen wir nicht besser umdrehen?«

»Umdrehen, zurückfahren? No! Mai!« Teresa fuhr Hans an, »ich gehe weiter und wenn ich im Schnee liegen muss!« und stapfte voraus, mit Gewalt selbst den Weg bahnend.

Hans folgte betroffen, beschämt. Die meisten seiner Versprechungen, mit denen er Teresa bewogen hatte, ihm in seine Heimat zu folgen, konnten nicht eingelöst werden. Teresa musste ihn für einen Schwadroneur, einen Vielversprecher halten, selbst bei so kleinen Anlässen.

Während Hans sich mit solchen Selbstvorwürfen quälte, stapfte Teresa voraus. Sie hatte eine Wegbiegung erreicht und begann plötzlich trotz der großen Anstrengung schneller zu werden. Mit letzter Kraft arbeitete sie sich durch den hohen Schnee, denn weiter vorne war ein dunkler Fleck im einförmigen Nebelgrau zu sehen, der bald Umrisse erkennen ließ – kein Zweifel, Umrisse eines Pferdeschlittens.

Auch der Bauer hatte sie bemerkt und kam ihr entgegen. Nach dem, was Hans erzählt hatte, musste es die Italienerin sein. Er begrüßte sie: »Grüaß Gott! Wo is denn der Doktor?«

Die Siegerin lächelte: »Hans ist geblieben zurück, ein wenig.«

Der kam jetzt schnell nach. Bei der Begrüßung entschuldigte sich der Bauer:

»I hab' hier g'wart, weil i net g'sehn werd'n wollt.«

Die zwei saßen, nun wieder glücklich vereint und eng aneinander gedrückt, im Schlitten. Eine warme Decke über die Knie gebreitet, horchten sie auf den keuchenden Atem des Pferdes und das feine Knirschen der Kufen, die in dieser geheimnisvollen, unheimlichen Nebelwelt einzige Wirklichkeit schienen.

»Hat's bei Euch oben auch so einen Nebel?«

»Bei uns scheint d'Sunn, nur unten im Tal ist alleweil der schiache Nebel.«

Hans atmete auf. Tatsächlich lichtete sich, je höher sie kamen, der Nebel, teilte sich schließlich, wogte in Schwaden hin und her und, als sie das letzte Steilstück geschafft hatten, blieb unvermittelt das kalte unheimliche Gebräu zurück. Sonne, glitzerndes Weiß blendeten und Teresa erlebte es wie Hans gehofft: Einem Bilderbuch gleich lag vor ihnen der Bauernhof, hinter dem das Tennengebirge als mächtige Kulisse in den blauen Winterhimmel ragte.

Sie wurden in das Haus geführt, »drüben« wäre es noch zu kalt. Teresa staunte über die Größe, kannte sie doch nur die viel bescheideneren Bauernhöfe der Insel. In der Heimat gab Stein den Ton an, hier überwog Holz.

Bevor sie Platz nahmen, packten sie die Geschenke aus: Hans für den Bauern eine Trachtenstrickweste und ein Herrenhemd (aus dem Reservebestand des alten Herrn), Teresa für die Bäuerin ein nach Mittelmeerart gehäkeltes großes Schultertuch und ein Paar fein gehäkelter Damenhandschuhe, für die beiden Töchter je ein hübsches italienisches Seidenhalstuch und eine venezianische Silberbrosche aus eigenem Besitz. Hans bat, die typisch italienischen Geschenke vorläufig niemandem zu zeigen, um unnötige Aufmerksamkeit zu vermeiden.

Die Bäuerin bat zu Tisch.

Wie jetzt Teresa, aus ihrer Aschenputtelverkleidung geschlüpft, im eleganten grauen Kostüm in den Raum trat, wurde sie Mittelpunkt unverhohlener Bewunderung, auch seitens der vorerst reservierten Bäuerin. Dem Bauern gefiel sie von Anbeginn; Teresa hatte ihr Kopftuch schon beim Einsteigen in den Schlitten aus dem Gesicht zurecht gerückt.

Einer der Gründe, weshalb Teresa dem Urlaub nicht gerade mit Begeisterung entgegen gesehen hatte, schien die Furcht vor dem engen Kontakt, so er auf dem Bauernhof zu erwarten schien. Die Peinlichkeit, nicht verheiratet zu sein, wog doppelt. Ihr zurückhaltendes Auftreten, ihre natürlich-herzliche Art gewannen aber schnell die Sympathie der ganzen Familie, halfen Schranken der Hemmung zu überwinden.

Vor und nach dem Essen wurde ein Tischgebet verrichtet und auch das gefiel Teresa, wie ihr ganz allgemein die ruhige, bestimmte Art der Bauersleute gefiel. Sie lobte das Essen, trotz des Sauerkrauts, und bedankte sich bei der Frau, die mit Schweinsbraten, Knödeln und Sauerkraut zum Empfang etwas Besonderes auf den Tisch gebracht hatte.

Nach dem Essen erschien die Bäuerin mit einem Holztablett und vier Gläschen darauf. Auf den Gläschen waren Trachtenpärchen gemalt, auf jedem ein anderes. Hans blickte belustigt und erwartungsvoll: Richtig! Da kam auch schon der Bauer mit der Flasche voll klarer Flüssigkeit. Sie brannte fürchterlich und, während Teresa zu aller Freude vor Schreck das Gesicht verzog, genoss Hans noch einen zweiten Obstler.

Inzwischen hatte sich auch die »Dependance« erwärmt, die Bäuerin mit den Töchtern begleiteten Teresa und Hans in das Nebengebäude – und dann waren beide endlich allein.

III.
Heimkehr

Die Zugskontrolle auf der Saalachbrücke ging ohne Schwierigkeiten vor sich. Zwei amerikanische Soldaten überprüften die Entlassungspapiere und das Permit des C.I.C.

Oberbauer, »alter« Stabsgefreiter, der mit Hans gemeinsam aus dem Kriegslazarett im Norden Deutschlands entlassen, den Weg nach Hause suchte, stand stramm, Hans reichte sitzend die Papiere. In Güterwagen und auf Kohlewaggons reitend waren sie durch ganz Deutschland bis hierher gelangt und hatten in Freilassing mit etwas Glück das Permit für Österreich bekommen, sonst wären sie im Österreicher-Lager drei bis vier Wochen fest gesessen.

Ringsum im schäbigen Personenwaggon schmalgesichtige Heimkehrer in abgewrackten Uniformen, nur einige wenige Frauen in einheimischer Tracht.

Der Zug fuhr wieder an und rollte nach wenigen Minuten im Hauptbahnhof von Salzburg ein. Bewegtes Leben und Treiben empfing sie. Man schien hier – im Gegensatz zu Deutschland – schon wie im Frieden zu leben, wenn nicht, ja wenn nicht die vielen amerikanischen Uniformen und noch mehr die lauten amerikanischen Stimmen daran erinnert hätten, dass sie sich in einem besetzten Land befanden. Die »Fraternisation« war sichtlich gut vorangekommen, überall lachten und schäkerten Mädchen mit den Soldaten – Hafenkneipen-Atmosphäre.

Hans und Oberbauer standen auf dem Bahnsteig, verwirrt von so viel Frieden.

Ihre Wege trennten sich. Oberbauer suchte nach einem Zug in die Obersteiermark, wo er Verwandte besaß und von wo er hoffte, auf Schleichwegen über die russische Zonengrenze zu seinem Hof im angrenzenden niederösterreichischen Wechselgebiet zu gelangen. Sein Oberarmschussbruch war nicht verheilt, man hatte im Lazarett den berühmten »Stuka«-Gips gegen eine Armschlinge für die Heimreise getauscht. Die lange Fahrt auf Kohlenwaggons und zuletzt die unfreiwillige Nacht am kühlen Saalachufer waren ihm nicht gut bekommen; vergeblich hatte er versucht, ohne Permit unbemerkt mit einem Güterzug die Grenzbrücke zu passieren. Glänzende Augen und hochrote Wangen zeigten einen neuen Fieberschub an. Und ein weiter Weg stand ihm noch bevor, mit vielen gefährlichen Hürden, da in der russischen Zone häufig aus der Kriegsgefangenschaft Entlassene neuerlich gefangen genommen wurden.

»Auf Wiedersehen!« Oberbauer nahm militärische Haltung an. Sie reichten einander die Hände. »Alles Gute!«

Als Hans wenig später auf den Bahnhofplatz hinaustrat, bemerkte er erhebliche Bombenschäden an den Häusern.

Ob zu Hause auch . . . ?

Ein Straßenbahnzug kam und Hans stand knapp nach ein Uhr mittags vor dem heimatlichen Gartentor, vor dem – gottlob – unversehrten Haus.

Er läutete.

Die Haustür öffnete sich zu einem Spalt, Frauenaugen spähten nach der Straße.

Es war die Mutter.

»Hans! Hans!«

Sie riss die Türe vollends auf und kam den Gartenweg gelaufen.

Er lag in ihren Armen.

Da bemerkte sie den Verband um seinen Hals.

»Du bist verwundet?«

»Ja, ich muss aber sagen, zum Glück. Denn ohne diese Verwundung wäre ich wahrscheinlich überhaupt nicht oder zumindest noch nicht da!«

Als sie mit ihm dem Haus zuschritt, verwunderte sie sich über den eigenartig schleudernden Gang.

»Scheußlich! Wie eingeschlafene Füße! Die Tiefensensibilität ist gestört! Aber seitdem ich vom Lazarett weg bin, ist es schon besser geworden. Man hat die Ursache nicht erkannt. In dem Lazarett war eine Ärzte-Elite versammelt!«

Noch bevor sie das Haus erreichten, kam Teresa gelaufen, durch die Rufe der Mutter alarmiert.

Hans und Teresa lagen einander in den Armen.

Und in diesem Augenblick, auf den sich Hans so lange vorbereitet, den er im Stockbett des Lazaretts hunderte Male erträumt hatte, in diesem Augenblick geschah das Unausbleibliche: Die überspannte Sehne der Erwartung riss …

Er verspürte nicht Freude, nicht Erfüllung, eigentlich gar nichts – nur Leere.

Wie eine leblose Puppe hing Teresa in seinen Armen.

Sie löste sich aus der Umarmung.

Die Mutter, die ins Haus voraus geeilt war, um die beiden allein zu lassen, rief jetzt vom oberen Stock, sie sollten heraufkommen, Hans sich baden und umziehen.

Teresa ging mit Hans ins Schlafzimmer der Eltern hinauf.

Die beiden Frauen schliefen seit geraumer Zeit im ehelichen Doppelbett, da sie sich allein bei der häufigen Visiten bedingten Abwesenheit des alten Herrn in der Nacht fürchteten.

Während die Mutter frische Wäsche und einen Anzug zurecht legte, begann sich Hans auszuziehen. Er reichte den von der Fahrt schmutzig gewordenen Uniformrock Teresa und zog das Hemd über den Kopf. Da zeigte Teresa auf den Bauch:

»Du hast Schmutz im Nabel!«

»Komm!«, die Mutter nahm Teresa am Arm und verließ mit ihr das Zimmer.

Für das anschließende Essen hatten sich die beiden Frauen etwas Besonderes ausgedacht. Das wenige Fleisch, das als Wochenration für die ganze Familie bestimmt war – und die amerikanische Zone galt als bestversorgte in Österreich –, wurde als Braten hergerichtet, dazu gab es ein paar Kartoffeln, im Oberösterreichischen gehamstert, vorher eine Graupensuppe und als Dessert Frühzwetschken aus dem eigenen Garten – für den Normalverbraucher im September 1945 eine sehr beachtliche Mahlzeit.

Doch Hans aß nur wenig und das mit geringem Appetit.

Am liebsten wäre er davon gelaufen.

Jetzt sah er noch die enttäuschten Gesichter, unvermittelt erhob er sich, schützte Müdigkeit vor und flüchtete in den oberen Stock.

Er musste allein sein.

Alles hatte er glücklich erreicht, die Wiedervereinigung mit Teresa, die Heimkehr zur Familie, und wusste nun damit nichts anzufangen.

In seinem Zimmer legte er sich auf die Couch und schaute zur Decke hinauf.

Die Erinnerung: Das Aufwachen aus der Narkose war nicht unangenehm. Kein Schmerz, aber unendliche Müdigkeit.

Nur langsam wurde ihm klar, wo er sich befand.

Er lag auf einem Feldbett, in einem großen Saal, und dieser Saal schien von einer eigenartig grünen Dämmerung erfüllt. Hohe Bäume schauten zu den Fenstern herein, das frische Laub ließ nur gedämpft Tageslicht in den Raum.

Vorsichtig versuchte er den Kopf zur Seite zu drehen. Es war nicht möglich. Die Hand tastete einen dicken Verband, der, um den Hals gewickelt, jede Bewegung verhinderte.

Natürlich! Er war ja verwundet worden, aber – auch aus dem Hexenkessel herausgekommen. Während der Fahrt im Sanka schoss die russische Artillerie schon von beiden Seiten auf die Straße.

Er versuchte den Oberkörper zur Seite zu drehen.

Im Saal standen noch sehr viele Betten und alle waren mit Verwundeten belegt ... An mehr konnte er sich nicht erinnern, er musste das Bewusstsein wieder verloren haben.

Als er neuerlich erwachte, hatte er das unangenehme Gefühl, gerüttelt zu werden. Er tastete mit der Hand, er lag auf Stroh, und das Rütteln war eigentlich ein rhythmisches lautes Stoßen – ein Schienengeräusch.

Das Schienengeräusch eines fahrenden Waggons.

Im Halbdunkel des geschlossenen Güterwagens richtete sich rechts neben ihm ein Landser auf.

»Sie haben lange geschlafen. Wir fahren schon Stunden und ich habe sie immer beobachtet. Sie haben aber geatmet. Dort drüben«, er zeigte auf die andere Seite des Waggons, »dort atmet einer nicht mehr. Die haben es mir herüber gerufen.«

»Wohin fahren wir?«

»Man will versuchen, uns noch durch Berlin durchzuschleusen. Wenn das nicht gelingt, dann . . . «

Hans schloss die Augen, er war todmüde und ausgeblutet. Die weiteren Worte hörte er nicht mehr, weil sie immer entfernter und leiser klangen.

Laute Stimmen außerhalb des Waggons weckten ihn erneut.

Der Zug stand.

»Und wenn es notwendig ist, werde ich die Eisenbahner mit der Pistole zur Weiterfahrt zwingen!«

Ein Verwundeter erhob sich und schob die Waggontüre zur Seite.

Deutlich war jetzt das Prasseln von Feuer zu hören, gar nicht weit entfernt, der Widerschein der Flammen spielte an der Wagendecke.

»Brennende Häuser!« rief der Verwundete.

Der Zug stand auf einem hohen Bahndamm, vermutlich in Berlin, im schon umkämpften Berlin.

Für eine Weile drang nur das Krachen und Bersten der brennenden Balken durch die offene Waggontür, bis plötzlich lautes, erregtes Stimmengewirr von vorne, von der Lokomotive her, kam. Eilige Schritte knirschten, verhallten nach rückwärts.

Und dann – dann ging ein Ruck durch den Zug, ein befreiender Ruck.

»Wir fahren!« schrie der an der Tür und schloss sie schnell.

Das rhythmische Geräusch wiegte ein.

Wie lange sie nun unterwegs waren, Hans wusste es nicht, als er erneut aufwachte.

Der Zug stand.

Von der Rückseite des Waggons kamen Stimmen.

Der Nachbar erklärte: »Flüchtlinge aus den Ostgebieten. Sie stehen auf den Puffern und klammern sich an den Haltegriffen fest, Männer, Frauen und Kinder.«

Die Lokomotive ließ Dampf ab. Das vibrierende Zischen erfüllte die Luft.

Einer riss die Waggontür auf.

Alles rief: »Was ist los?«

»Weiß auch nicht. Es ist mondhelle Nacht.«

Aber auf einmal wussten es alle: Jagdbomber.

Sie flogen in einem großen Bogen von rückwärts auf den Zug zu. Das Motorengeräusch schwoll rasch an und schon blitzte und flitzte es durch den dunklen Waggon.

Die Jabos entfernten sich.

Rufe und Schreie der Verwundeten gellten durch die Nacht. Im Wageninneren war niemand verwundet worden, doch unter den in dichten Trauben zwischen den Waggons hängenden Flüchtlingen schien es viele Opfer zu geben.

Die Jabos kamen wieder. Diesmal mit Bomben. Sie griffen den rückwärtigen Teil des Zuges an.

Auf das Krachen der Bomben folgte beklemmende Stille.

Und in diese Stille gellten erneut und noch stärker die Schreie vermehrter Verletzter.

Hans richtete sich auf und rief seinem Nachbarn zu: »Auf! Raus hier, bevor sie wiederkommen!«

So schnell sie konnten, so schnell es Hans' Schwäche und die Fußverletzung des Nachbarn erlaubten, suchten sie das nahe Wäldchen zu erreichen, einen kleinen Föhrenbestand, der sich von der Höhe des Bahndamms allmählich gegen eine Mulde zu senkte und dort endete.

Erschöpft ließen sie sich am oberen Rand nieder. Während

sie nach einer geeigneten Deckung Ausschau hielten, entfaltete sich zu ihrem nicht geringen Erstaunen weiter unten im Wald merkwürdiges Tun und Treiben.

Die Bäume standen nicht sehr dicht, sie zeichneten ihren Schatten im Mondlicht einzeln auf den sandigen Boden. Viele Menschen, Landser und Flüchtlinge, Frauen und Männer – man konnte sie gut zwischen den Stämmen beobachten – waren vom Zug herübergekommen, sie suchten aber nicht nach Deckung oder Schutz vor weiteren Luftangriffen, wie in einem Vergnügungspark wanderten sie hin und her. Indes auf dem Bahndamm noch immer Verwundete nach Versorgung schrieen, das Weinen und Wehklagen kein Ende nehmen wollte, entwickelte sich im lichten Föhrenwald ein Korso Heil-Davongekommener, begann im Hell-Dunkel-Gewirr von Mondlicht und Schatten das Schäferspiel der Paare.

Hans sah dieses Bild jetzt deutlich vor sich, genau und mit allen Einzelheiten.

Er verstand es. Ein unerbittliches Gesetz: Das Leben geht weiter ...

Und wenn er an seine Situation dachte: Schien es wirklich so wichtig, dass er zurückgekommen war?

Was wäre von ihm geblieben, wenn er verblutet, nicht mehr zurückgekommen wäre?

Für die Eltern ein Foto vom gefallenen Sohn.

Und für Teresa? Sie war jung. Vielleicht die Erinnerung an eine kurze Episode. Bei ihrem Aussehen würde sie bald einen anderen finden. Hatte sie schon einen?

Die anfängliche Apathie war Grübeln und Niedergeschlagenheit gewichen, Zweifel an allem.

Was hatten sie, Hans und sein Kamerad, daran gesetzt, bald nach Hause zu kommen! Aber »wie« kamen sie nach Hause!

Nicht beachtet, höchstens bemitleidet. In schäbigen, abgewrackten Uniformen. In Gips oder »als a Hatscheter«. Und schmutzig.

»Du hast Schmutz im Nabel!«

Es hatte ihn tief verletzt.

War das das Hauptproblem seiner Heimkehr? Seiner Heimfahrt, oben auf den schwarzen Kohlenwaggons im rußigen Hauch der Dampflokomotiven ohne jede Möglichkeit, sich zu reinigen?

Endlich machte sich nach den Strapazen der letzten Tage das Recht des Körpers auf Ruhe geltend und der Schlaf erlöste von den selbstquälerischen, die Freude an der Heimkehr vergiftenden Gedanken – zumindest für kurze Zeit.

Er wurde wach, weil es am Gartentor läutete. Frauenschritte – jemand wurde eingelassen.

»Helou!«, eine amerikanische Stimme.

»Helou!«

Teresas Stimme.

Sie gingen ins Haus.

Kurz darauf pochte es an seine Tür. Die Mutter trat ein und bat, er möge hinunterkommen: »Ein amerikanischer Soldat, der uns einige Male mit Lebensmitteln, auch Kaffee, ausgeholfen und sich immer sehr nett benommen hat, ist da und es wäre doch richtig, wenn Du ihn begrüßen und ihm für seine Hilfe danken würdest.«

Begrüßung und Gespräch verliefen knapp und kühl.

Hans bemerkte nur, dass Teresas Augen fast ständig an dem gut genährten Amerikaner – mit unverkennbar südländischem Einschlag – hingen, während er mit seinen eingefallenen Wangen und der schäbigen Uniformjacke, die er versehentlich wieder gegriffen hatte, kaum beachtet daneben saß.

Das »Vae victis« aus dem Lateinunterricht fiel ihm ein.

Er verabschiedete sich vom Besuch und verließ mit kurzem Gruß, zur Mutter hingewandt, den Raum.

Auch dem Amerikaner schien eine weitere Anwesenheit nicht angenehm, man hörte bald die Haustüre gehen und Frau Irene den Gast verabschieden.

Kurz darauf kamen Schritte die Treppe herauf, es wurde wieder an Hans' Türe gepocht – von Teresa.

Hans antwortete nicht. Er hatte sich eingesperrt und die Klinke bewegte sich vergeblich.

Eine Stunde etwa mochte er in einem Halbschlaf voll quälender Gedanken zugebracht haben, als erneutes Pochen ihn weckte.

»Ich bin es! Teresa!« Dann leise: »Son io!«

Umsonst.

Jetzt kamen schnelle Schritte herauf und, während an der Tür zuerst geklopft, dann gerüttelt wurde, erscholl die erregte Stimme der Mutter, er möge sofort aufmachen.

Hans stand auf und ließ sie ein. Bat, Platz zu nehmen.

Frau Irene schloss die Türe hinter sich, blieb aber im Raum stehen.

»Hans, ich will Dir etwas sagen!«

Er kannte den Klang ihrer Stimme von früher her, wenn es darum ging, einem »ihrer« Männer den Kopf zurecht zu setzen.

»Wir haben auf Deine Rückkehr so gewartet und waren so glücklich, wie Du plötzlich am Gartentor standest.

Du hast sicher viel mitgemacht und wir haben Dein allgemeines Verhalten, Dein Benehmen bei Tisch als Erschöpfung und Übermüdung verstanden. Auch die nicht gerade freundliche Begrüßung des Amerikaners haben wir hingenommen – Du warst eifersüchtig. Aber dass Du Dich jetzt einsperrst und Teresa auf ihr zweimaliges Klopfen nicht einlässt, ist zu viel. Du hast keinen Grund für dieses Verhalten!«

»Sie hat bisher nur bemerkt, dass ich einen schmutzigen Nabel habe!

Im Übrigen hast Du ja selbst gesehen, wie ihre Augen an dem Amerikaner gehangen sind!“

»Du hast keinen Grund, so hässlich über Teresa zu sprechen. Der Amerikaner kam in unser Haus, weil er auf der Suche nach einem Zahnarzt von jemandem zu uns geschickt wurde. Er war dann noch einige Male bei uns, natürlich weil ihm Teresa gefiel, noch dazu, wo er mütterlicherseits italienischer Abstammung ist. Sicher hat Teresa ihn ebenfalls gerne gesehen, wie übrigens auch ich, weil er sich nett benommen hat und wir froh gewesen sind, mit einem lustigen, jungen Menschen in dieser tristen Zeit plaudern zu können. Aber Teresa hat mich ausdrücklich gebeten, bei jedem Besuch zugegen zu sein. Und ich möchte Dir nur eines sagen: So ein nettes und anständiges Mädel kannst Du suchen gehen! Was sich hier nach dem Einmarsch der Ami getan hat, kannst Du Dir nicht vorstellen: Frauen, von denen es niemand vermutet hätte, konnten es kaum erwarten, sich den Amis an den Hals zu werfen. Zigaretten und Nylonstrümpfe haben auch heute noch einen hohen Stellenwert.

Wenn Du aber so weiter machst, lieber Hans, und Teresa weiter so behandelst, dann kann ich es ihr nicht übel nehmen, wenn sie den Amerikaner wirklich lieber sieht als Dich.

Ich glaube, Du hast allen Grund, Dich bei Teresa zu entschuldigen. Bei mir brauchst Du es nicht. Mütter sind gewöhnt, von ihren Kindern beleidigt und verletzt zu werden.«

Sie verließ das Zimmer.

Hans blieb zurückgesunken in seinem Sessel.

Er empfand keinen Ärger über die Zurechtweisung – eigentlich Erleichterung über die Klärung der Beziehung des Amerikaners zum Haus. Und vor allem über das Lob, das eine für ihn so zentrale Persönlichkeit wie seine Mutter für Teresa gespendet hatte.

Leise öffnete er die Tür zum Schlafzimmer seiner Eltern, wo er Teresa vermutete. Sie lag angekleidet auf dem Bett. Ihr Gesicht hatte sie in das Kissen vergraben, das lange schwarze Haar lag ausgebreitet auf dem weißen Polster. Sie weinte, und das Weinen steigerte sich immer wieder zu stoßweisem Schluchzen.

Letzte Unmutsreste schwanden. Mit wachsender Reue dachte Hans an das, was er Frau Racovich beim Abschied versprochen hatte: Sich immer um Teresa zu kümmern, immer für Teresa da zu sein.

Er kniete nieder und strich zart mit der Hand über ihr Haar.

»Bitte verzeih' mir! Chiedo perdono, Teresa!

Glaube mir, ich habe die ganze Zeit nur an Dich gedacht, nur an diesen Tag, an dem ich Dich wieder sehen kann, in meiner Fantasie habe ich ihn mir ausgemalt, tausend Mal ausgemalt und wie ich dann heute mittags zu Hause angekommen bin, war alles so anders, so fremd, ich selbst wie tot.

Und die Ungewissheit, die Angst, ob Du ...«

Teresa hatte zu weinen aufgehört, aber ihr Gesicht nicht aus dem Kissen erhoben.

Hans ließ ihre Haare behutsam durch seine Finger gleiten.

»Wie schön Deine Haare sind!«

Nach einer Pause: »Hast Du diesen Amerikaner gern?«

Und als sie keine Antwort gab: »Liebst Du ihn?«

Teresa mit erregter, weinerlicher Stimme: »Ich hätte gesollt, weil Du warst so, so cattivo!«

Sie hob ihren Kopf und sah ihm in die Augen. Dann schlang sie ihre Arme um seinen Hals und zog ihn zu sich.

Frau Irene war unten in der Diele noch eine Weile stehen geblieben, bis sie Hans' Schritte und die Schlafzimmertüre gehört hatte. Erleichtert verließ sie die Diele, trat ins Wohnzimmer und ließ sich im Erker in einen Fauteuil sinken. Während sie dem Rauch ihrer Zigarette nachsah, wie er im letzten Sonnenstrahl seine Kringel drehte, beschloss sie, das eheliche Schlafzimmer Teresa und Hans zu überlassen und ins Gästezimmer zu übersiedeln, solange zumindest, bis geklärt war, in welchem Spital Hans die ergänzende Ausbildung beginnen könne.

Erst spät abends kam Dr. Leitner sen. nach Hause. Er war von einem Kranken zum anderen, von einem Haus ins andere weitergereicht worden. Noch war ein Teil der jüngeren Kollegen aus der Gefangenschaft nicht heimgekehrt, andere durften wegen ehemaliger Parteizugehörigkeit die Praxis nicht ausüben.

Das Wiedersehen zwischen Vater und Sohn verlief herzlich. Während der alte Herr die dünne Suppe löffelte, begann er in seiner resoluten Art sogleich mit Zukunftsplänen. Beim anschließenden Nachtmahl, dem jetzt die übrig gebliebenen Reste des Mittagessens zugute kamen, wurden die Überlegungen weiter geführt. Teresa, mehr Zuhörerin als Teilnehmerin am Familiengespräch, saß neben Hans, der ihr von Zeit zu Zeit zärtlich über den Rücken strich.

Leitner sen. riet, die weitere Ausbildung mit den Fächern Kinder- und Frauenheilkunde zu beginnen, also mit Fächern, die Hans verständlicherweise am wenigsten beherrschte. Sie waren nur an einem größeren Krankenhaus zu absolvieren, das Landeskrankenhaus Salzburg würde auch die Wohnungsfrage lösen.

Man übersiedelte ins Arbeitszimmer des alten Herrn. Er hatte für diesen Abend eine besondere Überraschung aufgespart.

Geheimnisvoll machte er sich an der Bücherwand zu schaffen, bis er der obersten Reihe zwei dicke Folianten entnahm. Suchend griff er durch die entstandene Lücke und hielt triumphierend eine Sektflasche in die Höhe.

Der Tag der Heimkehr klang in fröhlicher und gelöster Stimmung aus. Die Familie Leitner hatte so allen Grund, einem gütigen Schicksal zu danken. Doch die Sorgen waren nicht für jeden und nicht in gleicher Weise ausgeräumt.

Nicht für Teresa.

Seit ihrem Fortgang von der Insel hatte sie noch keine einzige Nachricht von ihrer Mutter erhalten, ob es ihr gelungen war, nach Grado und dann nach Venedig zu kommen. Sie hatte auch nichts über das Schicksal ihres Vaters erfahren. Hans' Heimkehr verdrängte jetzt vorübergehend diese Sorge, riss aber eine andere, alte Wunde auf: Sie waren nicht kirchlich getraut.

In der kurzen Zeit des Urlaubs war es auf Drängen Bergers unterblieben. Die standesamtliche Trauung, glaubte er, besser geheim halten zu können. Sie fand an einem dienstfreien Nachmittag in einem Nebenraum des Standesamts statt, ein ihm verpflichteter Beamte vollzog die gesetzlichen Formalitäten. Bei der kirchlichen Zeremonie fürchtete Berger nicht den Priester, aber das öffentliche Aufgebot und, selbst wenn man das hätte umgehen können, einen Kreis von Mitwissern.

Teresa wünschte sich jetzt als letztes, bescheidenes Überbleibsel früherer Vorstellungen, dass die Eltern bei der kirchlichen Trauung, der in ihren Augen allein gültigen Vermählung, zugegen sein mögen.

Hans machte sich schon wenige Tage nach der Rückkehr zusammen mit Teresa auf den Weg zur Suchzentrale des Roten Kreuzes, um vielleicht mit deren Hilfe Verbindung mit Teresas Mutter aufnehmen zu können.

Ein auffallend gut genährter und gepflegter Herr in den »besten Jahren« gab ihnen freundlich, aber unmissverständlich zu verstehen, dass eine Verbindung mit Venedig in nächster Zeit nicht möglich sei, noch weniger mit der Insel, die nicht mehr zu Italien gehöre.

So willigte Teresa enttäuscht ein, die kirchliche Trauung auch ohne Beisein der Eltern so bald wie möglich anzusetzen.

IV.
Ein neuer Anfang

Ein Rezept für die »ewige« Verliebtheits-Liebe gibt es nicht und gerade die »große« Verliebten-Liebe stirbt oft früh, schon in den ersten Ehejahren.

Zunächst aber wurden Teresa und Hans von Nachkriegssorgen in Anspruch genommen.

Für alle war es ein neuer Anfang, das Ende des Zweiten Weltkrieges: Für Befreite wie für Gestürzte, für Heimkehrer aus der Gefangenschaft und der Gefangenschaft Entgangene, für aus der Emigration Zurückgekehrte, für aus der Heimat Vertriebene und andere Flüchtlinge.

Salzburg und das Salzkammergut waren überfüllt.

Auch für Hans bedeutete es einen neuen Anfang und keinen leichten. Erwartungen und Hoffnungen, die er auf Rückkehr und Kriegsende gesetzt hatte, gingen nicht in Erfüllung. Neue Leute hatten das Sagen. Oft wusste man nicht, woher die kamen, oft wusste man es genau und musste staunen, wie schnell und problemlos Gesinnungswechsel vollzogen werden kann. Endlich gelang es Hans, durch einen alten Bekannten seines Vaters eine bezahlte Stelle im Landeskrankenhaus zu bekommen.

Gleich zu Beginn des Dienstantritts überraschte eine unerwartete Begegnung. Hans stand im Flur der Kinderabteilung, als ihn jemand von rückwärts ansprach.

»Morjen, Herr Kollege!«

Unverkennbar Berliner Dialekt, die Stimme irgendwoher bekannt. Er drehte sich um: Vor ihm stand der »Pseudopreuße« von Ischl im weißen Arztmantel.

»Da staunen Se, was?«

Das Gegenüber genoss sichtlich die Überraschung.

Hans fasste sich schnell. Unmut wallte auf, zu unangenehm die Erinnerung.

Der andere lachte: »Sie staunen, mich hier zu sehen. Ich bin von Jeburt an Österreicher. Mein Vater war lange in leitender Stellung in einem deutschen Elektrokonzern tätig und so wuchs ich in Berlin auf. Natürlich trachtete ich dann, nach Österreich zu kommen, promovierte in Innsbruck und war eben zu Kriegsende an der Spezialstation in Ischl«. Und, als Hans keinerlei Reaktion zeigte, »na, wir werden uns ja noch des öfteren sehen!«, drehte sich um und verschwand in der Teeküche.

Hans sah ihm sprachlos nach.

Und war noch sprachloser, als er erfuhr, dass Dr. Müller eine der begehrten Stellen zur Fachausbildung erhalten hatte.

In der Folge sahen sie einander öfters, bei Dienstbesprechungen, bei Visiten und es ergab sich die Notwendigkeit, miteinander zu reden. Mit der Zeit musste Hans feststellen, dass dieser Dr. Müller so übel nicht schien – im Gegensatz zu manch anderem Kollegen, der weniger durch Wissen als durch Präpotenz auffiel oder gar wegen Intrigensucht gefürchtet wurde.

Man wechselte jetzt hie und da auch außerhalb des Dienstes ein Wort miteinander. Als beide einmal zufällig gemeinsam das Krankenhaus verließen, meinte Müller plötzlich im Ton alter Vertrautheit:

»Übrijens, habe damals natürlich keinem Menschen was jesacht – noch Spaß jehabt mit den Damen?«

Er bemerkte sofort seinen Fehler, denn Hans' Gesicht nahm den gleichen ablehnenden Ausdruck an wie beim ersten Gespräch.

»Meinen Sie meine Frau?«

Peinliche Pause . . .

Doch Müller, nicht leicht aus der Fassung zu bringen, und gewöhnt, öfters einmal daneben zu treten, fuhr in entschuldigendem Ton fort: »Pardong, das habe ich nicht jewusst. Auf keinen Fall wollte ich Ihre Frau Jemahlin beleidigen.«

Und dann: »Schon längst hatte ich vor, Sie mal bei uns einzuladen. Wir, das heißt meine Frau, unsere beiden Kinder und ich, leben am Mondsee – alter Familienbesitz. Würde mich außerordentlich freuen, wenn Sie und Ihre Frau Jemahlin uns das Vergnügen Ihres Besuches machen würden.«

Das war Standfestigkeit, beneidenswerte.

Hans verabschiedete sich kühl, ohne auf die Einladung einzugehen, und vermied auch in den folgenden Tagen jede Begegnung.

Doch eines Mittags im Speisesaal kam Dr. Müller an seinen Tisch.

Ob er Platz nehmen dürfe.

Er bat nochmals um Entschuldigung – »trete öfter mal ins Fettnäpfchen, ist aber nie so jemeint!« – und wiederholte seine Einladung: »Würde mich wirklich freuen, Sie und die werte Frau Jemahlin bei uns begrüßen zu dürfen.«

Hans gab sich weiter abweisend, obwohl er sich schon lange nicht einer gewissen Sympathie erwehren konnte. Die Einladung schien ehrlich gemeint und diesmal auch nicht aus Verlegenheit entstanden zu sein.

So nahm er nach einigem Zögern an.

Im Grunde nahm er gerne an. Begrüßte er doch jede Gelegenheit, der Vereinsamung zu entgehen, in der er sich zusammen mit Teresa befand. Sie besaßen Bekannte, ja – Bekannte seiner Eltern, einer anderen Generation angehörend. Hans' eigene Bekannte, Studienkollegen und Jugendfreunde, waren in alle Welt zerstreut oder gingen andere Wege.

Am meisten freute sich Teresa über die Einladung, die die Gelegenheit, dem Leitner'schen Alltag entschlüpfen zu können, mit der Möglichkeit verband, andere junge Menschen und ihre Lebensbedingungen kennen zu lernen.

An einem Herbsttag, noch leuchtete es bunt von allen Höhen in die Stadt, bestiegen die beiden den Zug der kleinen Salzkammergut-Lokalbahn. Um es vorwegzunehmen: Der Besuch wurde zu einer herzlichen Begegnung, wurde der Beginn einer langen Reihe gegenseitiger Besuche.

Der Kollege erwartete sie am kleinen Bahnhof und führte sie zu seinem etwa zehn Minuten entfernten Haus.

Überrascht blieben Hans und Teresa am Gartentor stehen. Inmitten eines großen, Park ähnlichen, mit Lärchen, Fichten und Linden bestandenen Besitzes, als dessen Abschluss sich kulissenhaft eine hohe, alles beherrschende Felswand erhob, stand das Haus mit Balkon, Fensterläden, Marienstatue und Glockentürmchen – Salzkammergut-Villa einer vergangenen Zeit. Es hätte sie nicht gewundert, wenn jetzt eine Dame mit Wespentaille und Sonnenschirm aus dem Haus getreten und auf dem weißen Kiesweg auf sie zugekommen wäre.

Der Kollege und seine Frau, die allein das Haus bewohnten, waren aber ein modernes, ganz normales Ehepaar mit sehr zeitgemäßen Sorgen; Ernährungssorgen, vor allem ihre beiden Kinder betreffend im zarten Alter von einem halben und zwei Jahren: Es gab nur wenig Milch zu kaufen.

Hans versprach Hilfe, da die Familie Leitner, obwohl am Rande von Salzburg wohnend, über bessere Verbindungen zu Bauern verfügte.

Wie schon erwähnt, wurde der Besuch der Beginn einer dauerhaften Freundschaft zwischen zwei jungen Familien, die sich nicht nur durch vorübergehende Vereinsamung, sondern auch durch ähnliche Probleme verbunden fühlten: Die Gattin des Kollegen stammte ebenfalls nicht aus Österreich, sie war aus Finnland.

Es soll hier noch über die Nachbarn der Familie Leitner, die Berger, berichtet werden. Als ehemaliger »Politischer Leiter« wurde Berger natürlich im Anhaltelager Glasenbach festgehalten, aber, da man ihm kein Vergehen nachweisen konnte, verhältnismäßig frühzeitig entlassen. Es dauerte einige Monate, bis er eine Anstellung als Verkäufer in einer großen Farbenhandlung fand. Er brachte es dann in der Firma bis zum Geschäftsführer. Während der materiellen Notlage kümmerte sich Frau Irene um die Nachbarn, ebenso auch Teresa, die die Hilfe in einer sehr kritischen Zeit nicht vergessen mochte.

Man merkte Hans jetzt kaum noch die Gangstörung an. Wahrscheinlich handelte es sich um die Folge von Lathyrismus, Kichererbsenkost während Lazarett und Gefangenschaft bei Unterernährung und fortgeschrittenem Vitamin-A-Mangel, auf den die anfängliche Nachtblindheit so deutlich hinwies.

Nicht heilen wollte die Blessur am Hals. Erst das Röntgen deckte als Ursache einen in der linken Schlüsselbeingrube liegenden Granatsplitter auf. Die Operation brachte raschen Erfolg und die eiternde Infektion an Teresas Fingern, die vom ständigen Verbinden herrührte, konnte auch abheilen.

Der Wert des Mitmenschen wechselt, ist zeit- und umgebungsbedingt erheblichen Schwankungen unterworfen. Wer damals Nahrhaftes erzeugte oder handelte, stand auf einer sehr hohen Stufe dieser Wertskala.

Auch als Hans eines Tages im Krankenhaus seinem alten Bekannten Feldwebel Riegler gegenüberstand, musste er sofort an dessen Gärtnerei denken. Im Übrigen freute er sich aufrichtig, seinen Fluchtgenossen so frisch und munter wieder zu sehen.

»Wo ist Ljerka?«

»Sie kann noch nicht so gut Deutsch und so bin ich mit meinem Sohn zu Euch gekommen.«

Ganz der alte Riegler.

Hans musste lächeln: In dem resoluten Ton klang Stolz mit, wie er das »Mit meinem Sohn« sagte.

Ein Blick auf den kleinen Patienten erübrigte jede Frage nach dem Grund des Ambulanzbesuches. Das sich über das ganze Gesicht ausdehnende Ekzem war nicht zu übersehen. Behandlung und Verantwortung wollte Hans in diesem Fall nicht übernehmen, er wandte sich an einen Assistenten, zu dem er fachliches Vertrauen besaß, und Riegler konnte mit seinem Sprössling bald wieder die Ambulanzstation verlassen. Er lud Hans und Teresa zum Besuch ein und bot auch Gemüse an.

Für die beiden, Ljerka und Teresa, kam es zu dem lang ersehnten Wiedersehen. Man umarmte und küsste einander mit südländischem Temperament. Während Riegler Hans durch die Gärtnerei führte, fanden die beiden Frauen Gelegenheit, ihr Herz auszuschütten. Laut und überschwänglich pries Ljerka ihr glückliches Los. Zwar bedrückten auch sie bis zum Kriegsende die ständige Angst, entdeckt zu werden, und ebenso die Sorge um den Gefährten, in dessen Hände sie ihr Schicksal gelegt hatte. Seit seiner Rückkehr aber schien dem Glück der beiden nichts mehr im Wege zu stehen.

Auch die Männer hatten einander viel zu erzählen. Riegler, zuerst einem Bildschirmzug zugeteilt, wurde bald an die Ostfront versetzt, entzog sich jedoch der Versetzung, indem er auf einer entlegenen Alm Zuflucht suchte. Absicht und Versteck verriet er niemandem, selbst seinen Eltern und Ljerka nicht, um sie nicht zu belasten und auch einem versehentlichen oder gewaltsam erpressten Verraten vorzubeugen. Perfekt gemacht verschwand er von der Bildfläche, war aber so korrekt, sich hinterher nicht als Widerstandskämpfer auszugeben.

Hans berichtet jetzt auch von seinem ersten Plan, bei Abzug der eigenen Truppen bei Teresa zurück zu bleiben: »Der Plan ist dann durch die vorzeitige Auflösung unserer Einheit durchkreuzt worden.«

Riegler lachte: »Ich hab' mir schon so etwas gedacht damals. Auf alle Fälle haben wir das Beste von der Insel mitgenommen!«

Ljerka sah blendend aus. Nichts hatte ihrem Aussehen Abbruch tun können, nicht Flucht, nicht Fremde, nicht Ungewissheit über den Verbleib des Gefährten.

An Teresa gingen die Ereignisse nicht so spurlos vorbei, nahmen den Jugendschmelz, zu früh, dass sie älter wirkte, als den Jahren entsprach. Ihre Schönheit war zu zart, zu sensibel.

Natürlich spielte die Ernährung eine Rolle, die minderwertige, nur auf Kalorien, Hunger stillen ausgerichtete Ernährung. Den meisten Menschen sah man's an.

Doch da war noch etwas ganz anderes. Und wer in Teresas Gesicht zu lesen vermochte, in dem klaren Spiegel ihrer Seele, der wusste es sofort: Es war – Enttäuschung.

Nicht als Folge von Erlebnissen, wie sie Teresa von einer Frau im Eisenbahnabteil widerfuhren: »Was will denn die bei uns?«

Zur Ehre der Mitreisenden sei gesagt, dass alle peinlich berührt zu Boden blickten, keine hilfreiche Hand sich anbot, der Frau beim Aussteigen die schweren Koffer hinunter zu reichen.

Nein, solche Ereignisse trafen Teresa nicht wirklich. Die wirkliche Enttäuschung, d i e Enttäuschung lag bei – Hans.

Ein anderer kam zurück und blieb auch anders.

Während der vielen schlaflosen Stunden an Hans' Seite, bei dem nächtlichen Grübeln über die unverständliche Veränderung, erinnerte sich Teresa an ein kleines Erlebnis, das seit Hans' Rückkehr in Vergessenheit geraten war.

In den letzten Kriegswochen drängten sich durch Salzburgs Straßen endlose Flüchtlingskarawanen, so auch am Haus der Leitner vorbei. Überrascht stand eines Tages Teresa in der Diele einer fremden, jungen Frau gegenüber. Sie erschrak heftig, sollte sie doch jeden Kontakt mit Unbekannten meiden. Jemand hatte vergessen, die Haustüre abzuschließen.

An der schlanken, dunkeläugigen Fremden waren das rote Kopftuch und der Rock, der unter der abgetragenen Jacke lose bis zu den Knöcheln herabzipfelte, am augenfälligsten. Die Frau trat auf Teresa zu, nahm ihre rechte Hand, drehte sie mit gewohnter Routine und begann die Linien der Innenfläche zu betrachten. Trotz dieser aufdringlichen Art empfand Teresa Erleichterung – sie ahnte, wen sie vor sich hatte, und überließ ihre Hand der Fremden.

»Maan kommen zurück, junges Frau. Kommen zurück, kommen mit andere Maan. Daan ...«

Die Handleserin, mit dunkler Stimme, stockte und verfolgte aufmerksam die Handlinien. Teresa blickte verwundert auf.

»Daan wieder aales gut, aales gut«, beeilte sich die Fremde. Frau Irene, die inzwischen in die Diele getreten war, erfasste schnell die Situation und beendete die Szene mit einer Geldnote, worauf sich die Frau überschwänglich bedankte und dem Ausgang zuwandte. An der Türe drehte sie sich noch einmal um und mit einem freundlichen Blick zu Teresa wiederholte sie lächelnd:

»Daan wieder aales gut, junges, scheenes Frau!«

Obwohl sich Teresa zunächst belustigt über das Handlesen zeigte und vom Auftritt als willkommene Abwechslung sprach, klammerte sie sich im Stillen an die Prophezeiung der Fremden, damals vor allem an die Prophezeiung über die glückliche Heimkehr von Hans. Jetzt erinnerte sie sich wieder auch an das »Daan …«, an das ernste Gesicht der Handleserin, als diese plötzlich innehielt, um danach schnell die Wahrsagung in beruhigende, Honorar gefällige Worte ausklingen zu lassen.

Teresa hatte alles aufgegeben, Heimat, Familie, Selbstständigkeit und war einem Mann in den Norden gefolgt. Sie hatte das Leben in Isolierung, in völliger Abhängigkeit von einer fremden und fremdsprachigen Familie auf sich genommen und auf Hans gewartet.

Sie hatte gewartet. Ein anderer kam zurück – und blieb anders, trotz der anfänglichen Hoffnung, nur die angegriffene Gesundheit sei die Ursache der Veränderung.

An körperlicher Liebe fehlte es nicht und immer wieder glaubte Teresa, sein Herz zurückgewinnen zu können. Nachts quälte sie Hans mit bohrenden Fragen, ob er sie noch liebe, ob er eine andere Frau kennen gelernt habe, wem sein Herz jetzt gehöre.

Es gehörte niemandem, es war ein taubes Ei, hohl und leer.

Hohl und leer, wie bei vielen Sensiblen, denen Krieg und Nachkrieg das empfindliche Instrument des Gefühls aus seiner Lage gebracht hatten, dass es nicht mehr reagierte. Solche Schäden heilen schwerer und langsamer als körperliche.

Gewöhnt, reglementiert zu werden, in der Studentenkompanie, im Studium und zuletzt in der Truppe, sah sich Hans jetzt einer Situation gegenüber, in der Eigeninitiative bis zur Ellbogentechnik gefragt war. Dafür musste man aus anderem Holz geschnitzt sein.

Dass die alten gewachsenen Wertvorstellungen nicht wie gehofft wieder hergestellt wurden, brachte weitere Enttäuschung. Neue (gelenkte?) Veränderungen bahnten sich an, eine ordinäre Konsumeinstellung zu allem, was immer das Leben bietet, Nivellierung sämtlicher Werte – mit einer einzigen Ausnahme: Geld (darüber zu sprechen, war früher verpönt).

In des Doktors Kopf hatten sich zudem große Pläne eingenistet. Der geheime Wunsch, dem Praktiker-Dasein des Vaters zu entgehen, schien dabei ebenso bestimmend wie ein neu erwachter Ehrgeiz. War nun die Ausbildung an einer Universitätsklinik in Graz, Wien oder Innsbruck aus finanziellen Gründen schon für den Einzelnen schwer, musste sie zum Problem für zwei – oder gar drei – werden; Teresa hatte sich vor kurzem Hans anvertraut.

Einer Generation zugehörig, der bereits früh Eigeninitiative verwehrt wurde, brachte er jetzt, und auch später, nicht den Mut auf, den Sprung zu wagen; nicht die Kraft, Veranlagung und Anerzogenes zu überwinden. So blieb nur der Wunsch – und der wurde zum Maß allen Denkens.

Das aus der Taubheit erwachende Gefühl wurde bald auf die Probe gestellt.

Hatte Hans Teresa auf einer Mittelmeerinsel mit all dem Reiz des Anders-, Fremdartigen kennen gelernt, hier in der heimatlichen Umgebung fehlte dieser Reiz, musste sich Teresa dem Vergleich mit heimischen Frauen stellen – und dieser Vergleich fiel nicht immer zugunsten des Mittelmeeres aus. Des Öfteren bemerkte Teresa, wie Hans' Augen an blonden, langbeinigen Wesen hingen, sie quittierte es mit steigender Eifersucht und nachts häuften sich die bohrenden Fragen.

Im Grunde schämte sich Hans solcher Gedanken und solcher Vergleiche, wusste er doch, was alles Teresa für diese Ehe aufgegeben hatte – und erlebte jene Szene stets von neuem, als wenn sie gestern stattgefunden hätte: »In Deine Hände lege ich das Teuerste, das Wertvollste, das ich auf dieser Erde besitze.« Durch vermehrte Zuwendung, durch besondere Aufmerksamkeit versuchte er verlorenes Gefühl zu ersetzen, doch Teresa spürte sehr schnell das Erzwungene seines Verhaltens, ließ sich mit der Frauen eigenen Sensibilität nicht täuschen.

Im Übrigen wirkte sich von Anfang an ungünstig auf die Entwicklung der Ehe aus, dass sie gleich zu Beginn durch Hans' neuerlichen Fronteinsatz unterbrochen und gestört wurde, zu einem Zeitpunkt, da sich sonst auf dem Boden der Liebe vorsichtig, ganz behutsam der junge Keim der Gemeinsamkeit entfalten soll, die Partnerschaft für den »Kasernhof« der Ehe reifen muss, persönliche Erwartungen und Vorstellungen vom nüchternen Alltag des »Wir« eingeholt werden.

Es scheint mehr als zweifelhaft, ob eine – heute als Allheilmittel gepriesene – Aussprache die Lösung gebracht hätte, eher eine Loslösung; auf alle Fälle aber eine Bestätigung der Enttäuschung und eine tiefe Verletzung Teresas. Eine Verletzung, die zu heilen so leicht nicht möglich gewesen wäre, die zu übereilten, irreparablen Entschlüssen hätte führen können. Das gesprochene Wort lässt sich nicht zurückholen.

So trug jeder still sein Problem für sich und es war jetzt für beide nur allzu wichtig, dass sie in steigendem Maße von den Vorbereitungen für das bevorstehende Familienereignis in Anspruch genommen wurden.

Das mit Spannung und, wie stets, nicht ohne Sorge erwartete Ereignis trat pünktlich ein: Teresa schenkte einem gesunden Knaben das Leben. Er wurde auf den Namen Guido getauft. Teresas Wunsch nach einem blonden Kind war in Erfüllung gegangen. Lebhaft, blauäugig und bald voll heller Locken war der Knabe Freude der Mutter und Gegenstand allgemeiner Bewunderung. Auch das Herz des Vaters gewann er schnell, obwohl sich dieser als erstes Kind eine Tochter gewünscht hatte. Väter können dumm sein und der Arztberuf bewahrt sie nicht davor.

Der neue Erdenbürger füllte den Tag aus, wurde zum Mittelpunkt, zum Maß allen Handelns. Und das war gut so. Für enttäuschte Vorstelllungen und Erwartungen blieb keine Zeit.

Mitten in diese glückliche Entwicklung traf die schreckliche Nachricht: Im ersten Brief, den Teresa endlich, nach so langem Warten, aus Italien erhielt, musste ihr die Mutter mitteilen, dass ihr Vater in diesem Frühling in Venedig einem Herzleiden erlegen sei. In der Familie der Racovich waren Herz- und Kreislauferkrankungen nichts Seltenes, beim Vater hatten Kriegs- und Nachkriegsjahre das Ihre dazu beigetragen.

Die Nachricht traf Teresa tief. Die wenigen Tage, die sie ihren Vater zu Hause wusste, waren immer außergewöhnliche gewesen. Die Freude am Garten, die Liebe zur Insel hatten Vater und Tochter verbunden. So hatte sie sich auf ein Wiedersehen mit ihm besonders gefreut und gehofft, dass er sich auch mit Hans gut verstehen werde.

Ein Band zur Heimat war zerstört, so klammerte sie sich an das zweite, das einzige, das noch bestand: In einem regen, jetzt wieder möglichen Briefwechsel suchte sie die Verbindung mit ihrer Mutter zu vertiefen, hoffte auf ein baldiges Wiedersehen. Ganz allgemein besaß ja das Hoffen jetzt festeren Boden.

Hans hatte nach zwei Jahren die für das Jus Practicandi erforderlichen Fächer nachgeholt, als er erfuhr, dass die Assistentenstelle an einem kleinen Krankenhaus frei geworden war.

Das Krankenhaus musste nicht nur die Bevölkerung des Städtchens betreuen, über dem es auf einer Anhöhe lag, sein Einzugsgebiet umfasste das ganze obere Gebirgstal. Hans bewarb sich, weil er trotz des guten Einvernehmens mit den Eltern sich ebenso wie Teresa nach Unabhängigkeit, nach eigenem Heim sehnte.

Teresa besaß noch einen anderen Grund, warum sie die Bewerbung unterstützte.

Schon lange beobachtete sie mit steigendem Missbehagen das zu vertraute Verhältnis zwischen Ärzten und Ärztinnen, das bei Einladungen und Parties unverhohlen zur Schau getragen wurde. Und sie erinnerte sich zuletzt eines derartigen Abends, an dem Hans nur Augen für eine neue, noch sehr junge Kollegin hatte. Dunkelblond, schlank, mit langen, aber vollen Beinen zog sie aller Aufmerksamkeit auf sich.

Teresa war froh, dass Hans aus diesem Kreis herauskam – es waren etliche Vasen zu Bruche gegangen.

Das Krankenhaus, dessen Assistentenstelle Hans tatsächlich erhielt, war eines jener typischen Ein-Primar-Krankenhäuser, wie man sie auf dem Lande damals noch antreffen konnte. Der Primar – mit einer meist langen und vielseitigen Ausbildung – musste in vielen Sätteln reiten können, war geschickter Chirurg mit großem Improvisationstalent, musste genau so mit der Lungenentzündung oder Infektionskrankheit fertig werden wie mit dem Darmverschluss, der Bauchhöhlenschwangerschaft oder einer komplizierten Entbindung. Es bestand ein enges Arzt-Patienten-Verhältnis und es ist irgendwie schade um diesen Allgemein-Mediziner im besten Sinne, der bei dem durch steigende Spezialisierung erreichten Fortschritt der Medizin nur noch in unterentwickelten Ländern Berechtigung findet.

Hans fühlte sich von Anbeginn recht wohl in diesem Krankenhaus. Das väterliche Verhältnis zum Primar und die familiäre Atmosphäre des kleinen Spitals trugen das Ihre dazu bei. Natürlich gab es kaum Möglichkeiten, wissenschaftlich zu arbeiten, und davon hatte Hans – wie so viele junge Ärzte – geträumt. Dafür bot sich eine Bereicherung allgemein-medizinischer, interdisziplinärer Kenntnisse, die Tätigkeit weitete den Blick, zeigte, was vom Fortschritt wirklich zählt.

Vieles gestaltete sich jetzt zur Zufriedenheit. Mit viel Glück fand Hans ziemlich bald nach seinem Dienstantritt eine geräumige Wohnung, nur etwa zehn Minuten vom Krankenhaus entfernt, sodass Teresa und Guido nachkommen konnten. Erhöht über der Ortschaft, auf einem großen, sonnigen Hang gelegen, bot das Haus ein schönes Beispiel für jene ansehnlichen Villen, wie sie ein zu Ansehen und Reichtum gelangtes Großbürgertum vor dem Ersten Weltkrieg sich leisten konnte. Nicht nur Großzügigkeit der Anlage, auch historisierende Elemente wie Turm, Loggia und andere schlossähnliche Attribute sollten den herrschaftlichen Anspruch betonen.

Nicht ganz so herrschaftlich empfing den Eintretenden der Stiegenaufgang des Hauses, der mit seinem schwarzen gusseisernen Geländer eher an Zinshaus-Atmosphäre erinnerte. Deutlich sollte er die beiden Wohnungen trennen, deren obere der Besitzer, ein alter, verwitweter und pensionierter Hofrat inne hatte (dank reicher Heirat konnte er dieses Haus erbauen), während die andere, an die junge Familie vermietete Wohnung sich im unteren Stockwerk, etwa dem Wiener »Hochparterre« entsprechend, befand.

Hans und Teresa empfanden die deutliche Trennung als angenehm, mussten jedoch bald feststellen, dass auch räumliche Trennung nicht unbedingt wirksam ist.

Sechs Jahre lebten sie in dieser Wohnung – solange Hans am Krankenhaus beschäftigt war – und es waren sechs glückliche Jahre, auch wenn sie Teresa durch den Zuwachs der Familie vermehrte Belastungen brachten. Sie schenkte noch zwei Kindern das Leben, einer kleinen Teresa und später einem kleinen Hans. Das Verhältnis zum Besitzer des Hauses gestaltete sich sehr herzlich, vielleicht zu herzlich, denn so mancher Abend, den die beiden gerne miteinander verbracht hätten, wurde vom alten Herrn mit Beschlag belegt.

Andererseits konnten sie sich in Haus und Garten wie im eigenen bewegen und der Aufenthalt wurde für die Kleinen zur bleibenden Erinnerung an eine glückliche erste Kindheit. Sie wuchsen in einer abgeschiedenen, vielleicht zu abgeschiedenen Idylle von Wiese, Blumen und Bäumen auf.

Auch Teresa fühlte sich in Haus und Wohnung wohl. Die Gegend gefiel ihr gut, obgleich sie das Meer vermisste. Was sie aber am meisten vermisste, das war die Sonne, die Mittelmeersonne, die Sonne ihrer Heimat.

»Diese dunklen Tage mit Regen, Nebel oder gar Schneefall, ich fürchte sie! Selbst die Kälte ist nicht schlimm, wenn nur die Sonne scheint! Aber dieses Plätschern in den Dachrinnen, immer dieses Tanzen der Schneeflocken vom grauen Himmel, diese Dunkelheit!«, so klagte sie manchmal, wenn die Studienrätin zu Besuch kam.

Zum Glück gab es, auch wenn des Hofrats Haushälterin öfters herunter kam, ein wenig zu helfen, so viel zu tun, dass sich trübe Gedanken nicht einzunisten vermochten. Und was Teresa das Wichtigste schien, was mehr wog als alles andere: Sie waren jetzt endlich eine eigene Familie und – man kann es so sagen – eine glückliche Familie. Teresas Aussehen hatte durch die Entbindung nicht gelitten, im Gegenteil: Sie war wieder aufgeblüht und erstaunt stellte Hans oft fest, welch hübsche Frau da an seiner Seite ging, ja wie begehrenswert sie anderen schien – er las es in deren Augen. Welcher Mann lässt sich nicht gerne beneiden?

Großen gesellschaftlichen Umgang im Ort pflegten Hans und Teresa nicht, Krankenhaus und Familie ließen nur wenig Zeit, auch erwies sich Distanz als günstig. Sie besaßen keine besonderen Freunde, aber auch keine besonderen Feinde und liefen nicht Gefahr, in das Cliquenwesen oder die Chronique scandaleuse des kleinen Ortes verwickelt zu werden.

Für Teresa war Religion Selbstverständliches, Teil des Alltäglichen, insbesondere auch der Erziehung. Früh lehrte sie die Kinder ein kleines Nachtgebet, italienisch, wie sie es von Maria gelernt hatte:

Angelo di Dio,	Engel des Herrn,
che sei il mio custode,	Du mein Beschützer,
illumina e custodisci,	erleuchte und behüte,
regge e governa me,	halte und führe mich,
che ti fui affidato	der ich Dir anvertraut bin
dalla pietà celeste.	von der himmlischen Barmherzigkeit.
Cosi sia!	So sei es!

Und auf Deutsch, wie sie es sich von Frau Irene vorsprechen ließ:

Jesukindlein, komm zu mir,
mach' ein frommes Kind aus mir,
mein Herz ist klein,
soll niemand hinein
als Du, mein liebes Jesulein.

Teresa gefiel dieses Gebet besser als das deutsche Schutzengel-Gebet.

Beide, Teresa und Hans, führten miteinander über Religion, über Transzendentes usw. bis zu diesem Zeitpunkt keine derartigen Gespräche; verhindert durch die Sprachbarriere, die in subtilen, abstrakten Bereichen noch lange störte, oder durch eine geheime Scheu. Hans freute sich aber über die religionsnahe Erziehung der Kinder in der sonst so liberalen Familie.

Einige Zeit später starb die Studienrätin und Teresa besaß jetzt keine Freundin mehr (oder wollte keine), mit der sie italienisch sprechen konnte. Umso größer war die Freude, als die Mutter ihren Besuch ankündigte.

Frau Racovich reiste von Venedig an, da die junge Familie mit dem kleinen Töchterchen, das sich eben erst aufzusetzen versuchte, nicht weite Reisen unternehmen mochte.

Frau Racovich zeigte sich mit den Verhältnissen, in denen sie ihre Tochter antraf, sehr zufrieden. Sie übergab Teresa den Erlös vom Verkauf des Elternhauses auf der Insel; das Geld kam in diesem Zeitpunkt recht gelegen, wenn auch der Verlust eines Stücks Heimat schmerzte. Teresa fühlte sich in ihrem Ansehen innerhalb der Familie gestärkt, wollte endlich nicht nur als Nutznießerin auftreten, jetzt auch ihren Beitrag leisten. Ein lang gehegter Wunsch, besonders von Hans, sollte in Erfüllung gehen: Es wurde die Anschaffung eines Autos beschlossen – was zur Zeit der Besetzung Österreichs im Westen früher möglich als im Osten.

Große Freude bereitete Teresa das Angebot ihrer Mutter, ihr einen Teil der wertvollen Möbel zu schenken. Sie trafen mit der Bahn in recht gutem Zustand ein, nur an einigen Stellen waren bei der Verpackung Nägel in die alten Stücke getrieben worden. Ein geschickter Tischler im Ort wusste die Schäden zu beheben und die Möbel wurden Blickfang, stolze Zeugen der Abkunft der Herrin des Hauses.

In Venedig konnte der Gegenbesuch erst erfolgen, als die kleine Teresa für eine derartige Reise alt genug schien, natürlich mit dem neuen Auto, nicht nur der größeren Bequemlichkeit, auch des höheren Ansehens wegen bei der zahlreichen Verwandtschaft. Und die junge Familie wurde tatsächlich herumgereicht, bis sie erschöpft und von Liebe erdrückt die Heimreise antreten konnte.

Es folgten noch einige Besuche, dann mussten die Fahrten nach Italien unterbrochen werden, der Jüngste meldete sich an. War schon die Schwangerschaft belastender als die bisherigen, bei der Geburt des kleinen Hans gab es dann Komplikationen, der neue Erdenbürger kam mit der Nabelschnur um den Hals auf die Welt und wollte nicht atmen. Es bedurfte langer Bemühungen von Primar und Hans-Vater, bis er sich endlich dazu bequemte.

Auch vor dem kleinen Krankenhaus machte die Entwicklung der Medizin nicht Halt. Es wurde ausgebaut, es kamen ein internistischer Primar, ein Anästhesist und später auch ein gynäkologischer Primar. Die chirurgische und internistische Abteilung wurden als Ausbildungsstätten für die Facharztausbildung zugelassen.

Mitten in diese kleine Idylle von beruflicher Zufriedenheit und familiärem Glück schlug, zerstörerisch wie ein Blitz, die Nachricht vom Tode Hans' Vater ein. Sein Wunsch nach einem jähen Tod war erhört worden, er wachte aus einem Nachmittagsschlaf nicht mehr auf, zu dem er sich zwischen Mittagessen und Visiten kurz niedergelegt hatte.

Alle zeigten sich tief betroffen, besonders auch Teresa, zu der sich der alte Herr stets wie ein Vater verhalten hatte. Und beide, Teresa und Hans, fühlten es, dass auch ein glücklicher Lebensabschnitt nach sechs Jahren zu Ende ging, der gar nicht so glücklich begonnen hatte. Zwar wusste Hans schon lange, dass die Tätigkeit an dem kleinen Krankenhaus in eine berufliche Sackgasse führen musste, vermied aber jede bestimmende Veränderung, aus Furcht, die Idylle vorzeitig zu stören.

Jetzt vor die Entscheidung für die Zukunft gestellt, beschloss er, der sich nur allzu gern auf die Angebote des Schicksals verließ, doch die Praxis des Vaters zu übernehmen, in Übereinstimmung mit Teresa, die sich in Salzburg vor allem größere Ausbildungsmöglichkeiten für die Kinder erhoffte.

Eine Veränderung bleibt selten allein. Hans' Mutter beabsichtigte, fortan bei ihrer jüngeren und ebenfalls verwitweten Schwester in Wien zu leben und so lag es nun an Teresa, deren Stelle in Haus und Praxis einzunehmen.

Für Hans bedeutete die Entscheidung die endgültige Absage an lang gehegte ehrgeizige Berufspläne. Er musste erkennen, dass ihm das Schicksal einen anderen Weg bestimmt hatte: Das Glück, eine gesunde und im Grund auch glückliche Familie zu besitzen, für deren Wohl er jetzt und in Zukunft verantwortlich war.

Und für beide, für Teresa und Hans, bedeutete das alles wieder einen n e u e n A n f a n g.

V.
Wiedersehen mit der Insel

Frische Luft strich vom Strand herauf und auch der kühlende Schatten des vorgezogenen Daches versprach selbst zu dieser heißen Nachmittagsstunde einen angenehmen Aufenthalt auf dem Balkon.

Unten lag das Meer, glatt, glänzend. Ohne Grenzen schien es heute. Festland, Inseln blieben im Dunst verborgen und nur ein kleines, näher gelegenes Inselchen schwamm, einem spitzkieligen Boot gleich, auf der silbrigen Wasserfläche.

Wieder in der Heimat, nach zwölf Jahren.

Merkwürdig, nach so langer Zeit Bekanntem, Erinnerndem, seinem früheren Leben zu begegnen, mit dem wertenden Abstand der Jahre, kritisch und doch voll heimlicher Sehnsucht. Als junges Mädchen war sie einem Mann in ein fremdes Land gefolgt, als Urlaubsgast besuchte sie jetzt mit ihrer Familie die alte Heimat, die Inselheimat.

Und wohnte nicht im Elternhaus.

Gestern früh hatten sie es aufgesucht, gleich nach der Ankunft: Die alte Fassade erhalten, aber schadhaft, die Fensterläden ungepflegt und geschlossen. Es gehörte jetzt entfernten

Verwandten, den Erlös für den Verkauf hatte ihr ja die Mutter übergeben.

In diesem Haus leben und glücklich zu werden, davon hatte die kleine Teresa einmal geträumt.

Sie traten dann in das vertraute Gässchen, hielten an der Gartenmauer vor der grünen Tür. Verrostet wie der eiserne Handgriff schien sie nur selten benützt, der Macchien-Geißklee wucherte ungehemmt. Teresa klopfte, aber niemand antwortete, es kam niemand, es blieb still, und als sie versuchte, die Tür zu öffnen, gelang es nicht, sie war versperrt. So gingen sie weiter, dem Gässchen entlang, bis sie vor den ersten Pinien standen.

»Bosco dietro la casa.«

Für Erinnerungen blieb nicht lange Zeit. Die Kinder im Auto wurden wach und kamen nachgelaufen.

»Werden wir in diesem Haus wohnen?« rief der Jüngste im Näherkommen.

»Nein, wir suchen eine Wohnung am Meer, wo wir gleich baden können«, Hans schnell, um Teresa die Antwort zu ersparen.

»Was macht Ihr dann da?«, der Kleine ließ nicht locker.

»Wir haben uns nur die Beine vertreten, nach der langen Fahrt.«

»Aber wäre das nicht ein schönes Haus für uns zum Wohnen?«

Teresa traten Tränen in die Augen.

»Schnell zum Auto zurück! Wir müssen uns nach einem guten Frühstück umsehen!«

Die Kaipromenade am Hafen hatte sichtlich gewonnen. Palmen und Grünstreifen trennten jetzt Fußgänger und Autoverkehr, Restaurants, kleine Café-Bars ergriffen mit weißen Tischen und Stühlen Besitz vom Trottoir.

Die Kinder liefen voraus und entdeckten freie Tische auf dem Platz gegenüber der Markthalle. Hier öffnet sich die Enge der herabführenden Hauptstraße zur sonnigen Weite des Hafens. Man sitzt unter hohen Platanen vor einer Slasticarna, nicht gedrängt wie an der Kaistraße, umlärmt vom quirligen Leben des morgendlichen Mittelmeerstädtchens und doch nicht von ihm gestört.

Natürlich hatten Teresa und Hans auf ihrem Bummel über die Kaipromenade, die alte »Riva«, nach »ihrem« Juwelierladen Ausschau gehalten. Sie blieben stehen. Äußerlich schien alles unverändert, in der Auslage war nichts Kostbares zu entdecken. Ein Unbekannter bediente hinter der Theke. Wie Teresa wusste, war auch dieses Haus mit dem Geschäft vom Onkel kurz vor seinem Tod verkauft worden.

Nach dem Frühstück galt die Sorge der Quartiersuche. Die stille Hoffnung, im Elternhaus wohnen zu können, war enttäuscht worden. Hotels gab es erst wenige, auch waren oft kinderreiche Familien dort nicht gerne gesehen. Da fiel Teresa ein alter Bekannter ein, Giovanni Merculich, von allen nur »Giann« genannt. Vielleicht wusste er Rat.

Von Beruf Zimmermann in einer Werft wie sein Vater, der noch in einer Racovich'schen Werft gearbeitet hatte, half er in elterlichem Haus und Garten, war dem Haus ein treuer Freund. Stets mit einem Scherz auf den Lippen besaß der Junggeselle eine schöne Stimme, die er nicht nur im Kirchenchor hören ließ. Teresa erinnerte sich gerne, wie sie ihm als Kind in ihrem Zimmer lauschte, wenn er bei der Arbeit im Garten alte Lieder von der Insel sang, von denen er eine große Menge kannte.

Ob er noch lebte? Sich ihrer erinnerte? Erinnern wollte? Unsicher auch, ob sie ihn jetzt antrafen. Es war wohl vieles anders geworden, aber früher, so wusste Teresa, pflegte er um diese Stunde seine Ziegen auf den Berg zu treiben. Die alten Einwohner der Stadt hielten ein paar Ziegen, besaßen einen

Weinberg, einen Grund mit Olivenbäumen und konnten recht gut leben dabei.

Teresa musste die letzten hundert Meter zu Fuß zurücklegen, Hans wollte nicht mit dem Wagen in die enge Gasse einfahren.

Als kleines Kind hatte sie manchmal Maria begleitet, wenn diese Post von den Eltern Giann überbringen sollte. So erkannte sie das Haus auch gleich. Es stand unverändert, nur die Fensterläden, jetzt braun, waren sie nicht weiß oder hellgrau gestrichen? Dass sie allesamt geschlossen schienen, dämpfte die Erwartung.

Da entdeckte sie bei genauem Hinsehen, dass ein Ladenflügel im ersten Stock nur angelehnt war. Sie klopfte an die Tür, ein Mal – und noch ein Mal.

Der angelehnte Flügel wurde aufgemacht, eine Frau, etwa um die fünfzig, schaute fragend herunter, das Gesicht irgendwoher bekannt.

Was sie wünsche, sie sprach italienisch. Wahrscheinlich hielt sie Teresa für einen italienischen Sommergast.

»È a casa, Signor Merculich?«

Die Frau nickte. »Posso parlare col Signor Giann? Teresa Racovich!«

Giann, der noch im Bett lag, mochte die Unterredung mit angehört haben, denn aus dem Hintergrund des Zimmers erscholl plötzlich seine Stimme voll Wiedersehensfreude: »Signorina Teresa!«

Kurz darauf wurde die Türe geöffnet und Giann, der nur einen Mantel übergeworfen hatte, stand auf der Schwelle.

Teresa musste Hans und Kinder holen, alle nochmals in der kleinen Küche frühstücken. Eine besondere Auszeichnung, wie sie später erfuhren, bewirtete doch Gianns Gattin – Kapitänstochter und daher Teresa bekannt – nicht gerne Gäste, ließ lieber selbst sich einladen und bewirten, wie sie auch sonst keine große Freundin der Arbeit schien. Am Garten merkte man's – und Ziegen gab es auch keine mehr. Oder bedingte das die neue allgemeine Vornehmheit?

Durch Gianns Vermittlung konnten dann Teresa und Hans dieses Appartement mieten. Der Balkon mit dem weiten, nur durch eine schützende Piniengruppe eingeengten Rundblick und die Lage des Hauses in dem alten Olivenhain hatten es ihnen sofort angetan. Von den nahen Hügeln der Stadt bis zum fernen Küstengebirge reichte die Sicht, die Sonne ging vor ihren Augen auf und unter.

Heute früh, die Kinder schliefen noch, erlebten sie das mediterrane Schauspiel.

Der nächtliche Himmel über dem Festland erhellte sich, ließ das Küstengebirge zur dunklen Silhouette werden. Sein dämmeriges Grau wandelte sich in zartes Grün, in Gelb, in Orange, immer schneller wechselten Bild und Farbe, dass das Auge kaum folgen konnte. Leuchtende Rosenfinger stiegen auf, griffen nach dem Himmel, kündeten die Ankunft der Sonne, die sich jetzt blutrot, majestätisch über der Gebirgskette erhob und tausendmal blendend im Meer wiederholte.

Teresa saß allein auf dem Balkon. Hans entwickelte seemännische Ambitionen, probte mit dem neuen Schlauchboot, von den Kindern begeistert unterstützt.

Kühler Wind kam auf und raute das glatte Meer, der Mistral, der am Abend wieder erlischt.

Sie stellte ihren Reisespiegel auf den Balkontisch, um ungestört Gesicht und Teint zu prüfen. Es war eine schöne venezianische Arbeit, dieser Spiegel, ein Geschenk der Mutter und – es war der selbe Spiegel, den sie heuer auch in Venedig bei sich hatte.

Sie erinnerte sich an die Abfahrt von Salzburg: Hans trug den Koffer ins Abteil, musste den Waggon schnell verlassen, weil die Lautsprecherstimme zur Abfahrt aufrief. Teresa suchte das Fenster zu öffnen, es gelang nicht. Sie presste ihr Gesicht ans Glas und winkte, bis eine Biegung Hans dem Blick entzog.

Der Zug holperte über Weichen, beschleunigte. Draußen huschten die letzten Häuser von Salzburg vorbei, Teresa saß allein im Abteil. Gewöhnt, jeden Schritt gemeinsam mit Hans zu tun, ihn immer neben sich zu wissen, fühlte sie sich auf einmal verlassen, fühlte, wie mit Salzburg die Geborgenheit der Familie zurückblieb. Der Waggon begann leicht zu schlingern, der Zug fuhr jetzt mit hoher Geschwindigkeit, trug sie fort, trug sie dem Süden entgegen.

Froh, dem »nordischen« Frühling, dem verlängerten Winter, und sei es nur für kurze Zeit, entfliehen zu können, hatte sie die Einladung ihrer Mutter nach Venedig gerne angenommen, diesmal für sich allein. Hans war in der Praxis unabkömmlich. Eine ältere, mit der Familie befreundete Krankenschwester bot sich an, die Aufsicht über die Kinder zu übernehmen.

Zermürbende Wochen waren vorangegangen: Grippewelle, die Ordination zum Bersten voll, Visiten bei Tag und Nacht. Hans sah die Kinder nur im Schlaf, allein musste sie die unbändige Gesellschaft im Zaun halten. Der Spätwinter tat das Seine: Der längst erwartete Schnee rieselte jetzt vom grauen Himmel, unerschöpflich, begrub Frühlingsblumen und Frühlingshoffen unter seinem Leichentuch.

Was für ein Gegensatz bei der Ankunft in Venedig: Einen leichten Mantel zwar konnte man auch hier vertragen – aber die Luft: Frühlingsluft, die das Gesicht umschmeichelte, die den Atem so leicht werden ließ.

Nur – die Wiedersehensfreude mit der Mutter wurde getrübt. Kurz nach dem Eintreffen Teresas kam ein Anruf, Frau Peghini (Frau Racovich hatte ihren Mädchennamen wieder angenommen) möge sich dringend um eine erkrankte Verwandte in Padua kümmern. Schweren Herzens packte sie die Reisetasche und beide Frauen machten sich auf den Weg zum Bahnhof, zu Fuß, um wenigstens die kurze Zeit miteinander plaudern zu können. Sie hatten Rialto und sein Gedränge hinter sich gelassen und bogen in die Via S. Giovanni ein, als Teresa aus übervollem Herzen zu erzählen begann, über den langen Winter, die Arztpraxis, die kaum noch Freizeit erlaube, auch dass der letzte Urlaub schon drei Jahre zurückliege.

»Das Leben besteht nur noch aus Kindern und Patienten.«

Zurückgekehrt beschäftigte sich Teresa mit dem Auspacken des Koffers. Es begann zu dämmern, ein banges, ängstigendes Gefühl schlich durch das Haus, das Haus, das ihr sonst so vertraut war, das sie so liebte und schätzte. Liebte, wie es sich schmal und hoch in die Reihe der anderen Häuser an dem kleinen Kanal schmiegte, und schätzte wegen seiner zentralen Lage – man musste nur den richtigen Weg wissen.

War es die Einsamkeit, war es die ungewohnte, in der Dämmerung unheimliche Nachbarschaft des Lagunenwassers, Teresa wurde die Bangigkeit nicht los.

Sie ging zum Telefon und versuchte Salzburg anzurufen.

Nach mehrmaligem Bemühen meldete sich Hans, eben von Visiten heimgekehrt. Teresa berichtete von ihrer Ankunft, vom Frühling in Venedig, von der unerwarteten Abreise der Mutter, auch, dass sie einen Verwandten getroffen habe. Sie unterhielt sich dann mit jedem Kind und dieses Gespräch mit der Familie, mit Hans und den Kindern, beruhigte, befreite von dem unangenehmen Gefühl. Sie aß noch ein wenig, Müdigkeit überkam sie und bald schlief sie entspannt und, im Augenblick, wohl auch ganz glücklich ein.

Deutlich erinnerte sie sich an den anderen Morgen. Sie wurde durch die Sonne geweckt, die zu dieser Stunde trotz der engen Häuserfronten ihren Weg auch hierher fand. Sie räkelte sich, zog den Morgenrock über und trat auf den Balkon. Darauf hatte sie sich schon lange gefreut.

Der Balkon, mit schlichtem Eisengeländer, gerade so groß, dass zwei Personen auf ihm stehen konnten, ging auf den kleinen Kanal hinaus. Was er bot, war nicht der Blick auf berühmte Architekturen, auf umschwärmte Sehenswürdigkeiten, war eine viel bescheidenere Welt – umso liebenswerter und nicht minder typisch für Venedig. Spitzbogen-Maßwerk bildete hier die Ausnahme, das Viereck einfacher Fenster die Regel. Starke Eisenstäbe schützten die unteren Geschosse, schmale Türen gaben den Zugang zum Wasser und zu den schmucklosen Booten frei, die fest vertäut vor den Häusern lagen. Abbröckelnde Fassaden, bloßliegendes Mauerwerk verstärkten die romantisch-elegische Stimmung wie das eigenartige Licht, das von den lehmfarbenen Mauern, vom Lagunendunst und dem allgegenwärtigen Wasser bestimmt, viel gerühmt seit je die ganze Stadt verklärt. Und »der Zerfall ist ein besonders begabter Maler« (Guido Piovene).

Teresa liebte diese kleine Welt, die Geborgenheit, die nie Langeweile aufkommen ließ, allein schon durch die zahlreichen Frachtboote, die mit Obst und Gemüse beladen durch den Rio fuhren.

Das Vergnügen auf dem Balkon währte heute nicht lange. Eine Gondel mit Touristen näherte sich, einige starrten herauf und hoben die Kamera. Teresa flüchtete, die Morgenstimmung ließ sie sich nicht verderben. Sie genoss es, ohne Hast und ohne Pflichten frühstücken und baden zu können.

Während des Ankleidens fiel ihr der Verwandte ein, den sie gestern nach der Rückkehr vom Bahnhof vor dem Haus angetroffen hatte. Es war ein weitschichtig Verwandter, der ihre Mutter besuchen wollte. Vor vielen Jahren, knapp vor Kriegseintritt Italiens, hatte sie ihn hier, in Venedig, zuletzt gesehen. Interessiert musterten beide einander.

Mauro mochte jünger sein als Hans. Hübsches Gesicht (etwas zu hübsch?), dunkle, lebhafte Augen, schwarzes gewelltes Haar. Nicht sehr groß, aber von betont männlicher Figur. Schönling war die erste Empfindung, Frauenheld.

Trotzdem fand Teresa seine Art zu sprechen angenehm, hörte gerne sein Venezianisch.

Mauro verabschiedete sich bald, vielleicht um ihr die Verlegenheit zu ersparen, ihn weiterbitten zu müssen, doch nicht ohne einen kleinen Versuch(ungs)ballon steigen zu lassen: Bei einem Einkaufsbummel wolle er gerne behilflich sein und als – unverfänglichen – Treffpunkt schlage er den Campo San Luca vor: Zehn Uhr?

Er war schon sehr überzeugt von sich und seiner Wirkung auf Frauen, der gute Mauro.

Sie setzte sich an das Make-up-Tischchen.

Seit den Kindern hatte sie Probleme mit der Figur.

Prüfend betrachtete sie sich im Spiegel. Was sie darin sah – damit konnte sie zufrieden sein: Das Gesicht einer jungen, attraktiven (sehr attraktiven) Frau blickte ihr entgegen, kein Madonnengesicht mehr – das Gesicht einer jungen Frau, die nach ersten Enttäuschungen ihr Selbstbewusstsein wieder gewonnen hatte.

Verriet es noch etwas? Mehr?

Gegen elf trat sie aus dem Haus. Die Gasse belebt, vorwiegend von Touristen. Immer mehr wurden ihrer, hier wie in Salzburg. Sie schlug den Weg zur Rialtobrücke ein und fand sich bald inmitten dichten Menschengewühls. Die Auslage einer Modeboutique erregte ihr Interesse. Als sie sich ihr zuwenden wollte, hörte sie ihren Namen rufen. Sie blickte in die Richtung und entdeckte Mauro, der lebhaft winkend durch die Menge drängte.

Er habe vergeblich gewartet, aber doch erhofft, sie noch irgendwo zu treffen.

Nun, da er vor ihr stand und sie seine Anwesenheit eigentlich nicht unangenehm empfand, wollte sie ihn nicht abweisen, behielt sich jedoch die Entscheidung über den weiteren Weg vor. Mauro erwies sich als verständnisvoller, geduldiger Begleiter.

Die Zeit verging im Flug. Mauro wusste ein kleines Restaurant, in dem nur Venezianer verkehrten, und Teresa genoss die venezianische Küche, die damals noch ihre Spezialitäten größtenteils aus dem Meer vor der Stadt bezog. Sie schob Mauro unauffällig eine größere Geldnote zu, nicht nur, weil sie von ihm nicht eingeladen sein wollte, auch, weil sie seinen finanziellen Verhältnissen misstraute. Für Mauro schien die Situation nicht ungewöhnlich.

Nach dem Essen verabschiedete sich Teresa, wünschte den Nachmittag allein zu verbringen. Nach einigem Zögern willigte sie aber in den Vorschlag Mauros ein, sie auch am nächsten Tag beim Stadtbummel zu begleiten.

Abends half dann das Telefongespräch mit der Familie wieder über die bange Einsamkeit hinweg und, warum sie diesmal Hans gegenüber keine Erwähnung von Mauro tat, fand sie jetzt, hinterher, dumm.

Am nächsten Tag, als Teresa früher als am Vortag aus dem Haus trat, musste sie festellen, dass sie sich eigentlich auf den Bummel mit Mauro freute. Er besaß gute Manieren, ohne verkrampft zu wirken, war nicht aufdringlich, wie sie befürchtet hatte, half beim Einkauf, wusste gute Tipps, war mit einem Wort ein nützlicher und angenehmer Begleiter. Auch wenn er auf Sehenswürdigkeiten hinwies oder vom alten Venedig erzählte, wusste er das auf amüsante Weise zu tun, ohne zu schulmeistern – wie es bei Hans manchmal der Fall sein konnte.

Unklar schienen Mauros Berufs- und Einkommensverhältnisse. Angeblich in einer Bank in gehobener Stellung, genieße er derzeit seinen Urlaub. Teresa glaubte es ihm nicht recht, aber es konnte ihr im Augenblick gleichgültig sein.

Zu Beginn, wie sie jetzt einander wieder trafen, hielt Mauro voll Stolz zwei Theaterkarten in die Höhe.

»Teatro La Fenice! Heute Abend: Tosca!« Und mit bedeutungsvollem Blick: »Beziehungen! Eine der letzten Aufführungen dieser Saison!«

Seine Enttäuschung war groß, als Teresa zurückhaltend reagierte. Er steckte die Karten in die Brusttasche, erst beim Abschied kam er wieder auf den Theaterbesuch zurück. Wohl konnte sich Teresa auch jetzt noch nicht entschließen, doch Mauro spürte, dass die Angel nicht ganz umsonst ausgelegt war: »Wenn es erlaubt ist, melde ich mich nochmals, telefonisch, um vier Uhr nachmittags.«

Die Sonne, die auch nachmittags für kurze Zeit ins Zimmer leuchtete, weckte Teresa aus einem unruhigen Schlaf. Schon im Erwachen begannen die Gedanken um Mauro und Oper zu kreisen. Eine Opernaufführung in Venedig hatte sie noch nicht erlebt. Sie war auf das Teatro La Fenice und auf Tosca in gleicher Weise neugierig.

Die Mozart-Opern, die Hans so liebte, konnten ihr nie viel geben. Sie kamen ihr zu spielerisch, zu oberflächlich vor, ließen Leidenschaft vermissen »Schönheit und Harmonie über alles zu stellen, die Tiefe unter der Oberfläche verstecken«, Hugo von Hofmannsthal, hielt sie für Mangel an echtem Gefühl.

Was war es dann, was sie so zögern ließ? Sie geriet ja nicht in Mauros Schuld und verpflichtete sich ihm nicht. Zu selbstverständlich, dass s i e den Abend finanzieren musste.

Den A b e n d.

Also mehr als Theaterbesuch. Mauro wusste bestimmt ein Restaurant, wo »man« sich nachher traf, wo man gut aß, wusste ein Lokal, in dem man sich amüsieren konnte, tanzen konnte, und wusste, wusste …

Er war schon ein Filou, dieser Mauro.

Ein kleiner? Ein großer? Ein amüsanter jedenfalls – einen winzigen, kleinwinzigen Zipfel ihres Herzens hatte er erobert.

Das Telefon läutete: Mauro …

»Also von mir aus, damit Du endlich Ruhe gibst.«

Teresa stand im Foyer des Fenice, Mauro gab ihren Mantel an der Garderobe ab.

In dem neuen Abendkleid, das sie eigentlich für Salzburg gekauft hatte, sah sie bezaubernd aus. Und ihr Begleiter wurde nicht müde, es ihr immer wieder zu sagen: Oh, hätte das Hans nur öfters getan!.

Sie nahmen im Parkett Platz. Betont elegante Kleidung, festliche Stimmung. Interessierte Blicke für Teresa.

Es wurde dunkel. Die Ouvertüre begann. Der Vorhang hob sich.

Von Anfang an war Teresa von der Musik und dem Geschehen auf der Bühne fasziniert. Mit steigender Dramatik allerdings verflog die erst so heiter-festliche Stimmung, wich einer immer stärkeren, tief ergreifenden Erregung.

Pause.

Mauro benützte sie, Teresa durch das Theater zu führen. Sie bewunderte den ganz in Weiß, Rot und Gold gehaltenen, mit Stuckaturen wie Malereien überreich geschmückten Zuschauerraum.

»Jeder, der zum ersten Mal hierher kommt, ist nach der schmalen schlichten Eingangsfassade von der Schönheit und Größe überrascht. Mit seinen fünf Logenreihen bietet der Raum eintausendfünfhundert Zuschauern Platz. Aber warum dieses herrliche Theater eine so unbedeutende Fassade besitzt, das ist wieder eine venezianische Geschichte.«

Und während Mauro durch den Komplex von Gängen und Treppen führte, erzählte er von der Entstehung des Fenice, wie es noch knapp vor dem Ende des selbstständigen Venedig erbaut, mit den schönsten Theatern Italiens wetteifern sollte. Da ein Gesetz die Errichtung neuer Theaterhäuser verbot, musste der Architekt bei Umgehung dieses Gesetzes zumindest versuchen, die Fassade der gegebenen städtischen Struktur anzupassen und ersann so diesen komplizierten Zugang. Nach einem Brand im vergangenen Jahrhundert wurde das Theater – Gott sei Dank – in seiner alten Schönheit wieder hergestellt.

Mauro und Teresa waren von ihrem Rundgang wieder zum Foyer zurückgekehrt. Sie befanden sich allein und etwas abseits, abseits einer festlich gestimmten, parlierenden Menge, Mauro ganz nahe bei Teresa, als er plötzlich leise fragte:

»Bist Du eigentlich glücklich?«

Teresa reagierte nicht. Nicht nur, weil sie im Augenblick nicht antworten wollte, ein unangenehmes Gefühl störte sie. Sie wandte sich um und – schaute in einen Spiegel.

Sie stand sich selbst gegenüber.

Verwundert folgte Mauro ihrem Blick und drehte sich gleichfalls um.

Und jetzt sah Teresa sich und Mauro im Spiegel, nah, ganz nah beisammen – wie ein Paar.

Sie erschrak. Ein Paar? Mauro und sie ein Paar?

Teresa wandte sich vom Spiegel ab.

Das Bild ließ sie nicht los.

Der Gong tönte zum dritten Mal. Wortlos kehrte Teresa mit Mauro zu ihrem Platz zurück, schweigend, wie abwesend saß sie während des letzten Aktes neben ihrem Begleiter.

Das Bild hatte alles verändert, die Bühne, die Darsteller, die Zuschauer. Das ganze Theater schien entrückt, selbst das Orchester klang unwirklich, wie von weit her.

Der Spiegel … das Bild …

Der Beifallssturm brauste auf, Teresa verließ ihren Platz, zwängte, drängte sich zwischen den Begeisterten zum Ausgang, eilte zur Garderobe. Mauro, der die plötzliche Stimmungsänderung nicht zu deuten vermochte, folgte verwundert, half in den Mantel, suchte enttäuscht mit der nach Hause Flüchtenden Schritt zu halten.

Teresa verabschiedete sich kurz an der Haustüre und stürmte die Treppe hinauf. In der Küche brannte Licht, ihre Mutter war vorzeitig zurückgekehrt.

»Wo warst Du denn?«

Teresa stand atemlos und mit offenem Mantel in der Tür. »A Teatro La Fenice. Ich muss mich beeilen, ich möchte mit dem nächsten Zug zurückfahren. Bitte kannst Du am Bahnhof anrufen?«

Der nächste durchgehende Zug fuhr erst in der Früh, um sieben Uhr.

Trotzdem begann Teresa zu packen. Die Mutter half, dann so nebenbei: »Warst Du allein?«

Als sie erfuhr, mit wem Teresa die Oper besucht hatte, verzog sie das Gesicht: »Ach der! Ich habe ihm eine Stellung in der Bank verschafft, aber er taugt nichts. Erscheint nicht regelmäßig zur Dienstzeit, erledigt nicht seine Arbeit. Das Hauptinteresse gilt der Damenwelt.«

Sie betrachtete besorgte ihre Tochter. »Ist er zudringlich geworden?«

»Nein, er war eher zurückhaltend.«

»Ja, ja, das ist so seine Masche.«

Abendessen lehnte Teresa ab, trank etwas und ging zu Bett. Bat nur, rechtzeitig geweckt zu werden.

Das Erste-Klasse-Abteil des Zuges, der in den Wiener Südbahnhof einfuhr, war zuletzt gut besetzt, Teresa erinnerte sich. Die Mitreisenden bekundeten großes Interesse, sie halfen beim Aussteigen wie auch beim Herunterreichen des Koffers, dann aber sah sie sich allein gelassen, allein zwischen Lachenden, Sichbegrüßenden, Küssenden und Umarmenden.

Den schweren Koffer musste sie abstellen.

Ob Hans sie wenigstens in Salzburg abholen kam? Hoffentlich hatte die Mutter ihn erreicht!

Sie hielt nach einem Gepäckkarren Ausschau. Die wenigen vorhandenen wurden eben, hoch mit Koffern beladen, weggeschoben. Gepäckträger sah man auch keine.

In dieser unangenehmen, etwas hilflosen Situation entdeckte sie in einiger Entfernung – es gab keinen Zweifel, das Herz schlug in freudiger Überraschung: Der da, die anderen überragend, sich durch die Menge schob, das war ja Hans! Jetzt bemerkte auch er sie und begann lebhaft zu winken.

Teresa wusste es heute: Nicht allein die Rückkehr in die Geborgenheit – es war damals viel, viel mehr, als sie einander gegenüber standen und Hans sie in seine Arme nahm.

Und sie noch immer standen, indes der Bahnsteig leerer und leerer wurde.

Während der Heimfahrt, Wien und seine Vororte hatten sie hinter sich gelassen, begann Hans von den kleinen Neuigkeiten in der Familie und Praxis zu berichten, die überraschende Rückreise berührte er nicht, als er plötzlich unvermittelt erklärte, sie hätten die letzten Jahre nur an Beruf, Schulden und Haus, an alles nur nicht an sich gedacht.

»Ab jetzt werden wir uns einmal in der Woche vom täglichen Einerlei freimachen, wegfahren, ausgehen und vor allem endlich wieder Urlaub nehmen.

Was meinst Du – zu der Insel, zu »unserer« Insel im kommenden Sommer?«

Wurde zwischen ihrer Mutter und Hans mehr gesprochen als nur über die Ankunft?

Weinen und Kinderstimmen rissen Teresa aus ihren Erinnerungen.

Vom Balkon aus sah sie, wie Hans mit dem Jüngsten auf dem Arm, gefolgt von der Tochter und dem älteren Sohn, durch den Garten auf das Haus zueilte. Sie erhob sich und trat in die Diele.

»Sie sind einander wieder nachgejagt und er hat sich am Schienbein verletzt!«, rief Hans von unten und trug den weinenden »Benjamin« die Treppe herauf.

Der Kleine wurde auf einen Sessel gesetzt. Die Verletzung erwies sich als nicht tiefreichend, blutete aber stark. »Benjamin« zeigte jetzt, nachdem er genügend Bedauern gefunden hatte, männliche Stärke, wollte aber nur von der Mutter verbunden werden. So beugte sich Teresa über das von Hans hochgehobene Bein, säuberte Wunde und Umgebung und verband den kleinen Hans wie einst den großen.

Sie richtete sich auf. »Contento dottore?«, mit dem gleichen schelmischen Blick wie damals, am Fuß des Monte Mulino.

Unbemerkt hatte inzwischen die kleine Teresa den Spiegel vom Tisch genommen. Interessiert betrachtete sie sich darin.

»Gott, der schöne Spiegel!« Hans wollte ihn ihr wegnehmen.

Teresa wehrte lächelnd: »Lass ihn ihr nur!«

Und etwas später: »Wir alle brauchen manchmal einen Spiegel.«

Hans sah Teresa merkwürdig von der Seite an.

Zu den Besuchen zählte, schon ein wenig Pflichtbesuch – der bei Maria Dubovic. Zwar wurde Teresa zugetragen, Maria hätte sich Verschiedenes, so Wäsche, Besteck und Porzellan ihrer Mutter angeeignet, doch was soll's – besser Maria besaß diese Dinge als ein Fremder. Zu schätzen wusste sie sie sicher auch mehr.

Das Wiedersehen verlief in ehrlicher Herzlichkeit, besonders seitens Hans, der den Postillon d'amour nicht vergessen konnte. Maria ging es gut, sie war mit einem Lastwagenchauffeur verheiratet und ihre (Dubovic'schen) Gärtner-Gene fanden in dem großen, an das Haus grenzende Grundstück mit Olivenbäumen und vielen, vielen Gemüse- wie Blumenbeeten hinreichende Erfüllung.

Der Balkon blieb Mittelpunkt des Urlaubs, blieb Mittelpunkt allen Erlebens.

Rot war der volle Mond aufgegangen. Jetzt zeichnete sein helles Licht eine silberne Straße auf dem Meer, geheimnisvoll endete sie in der Nacht.

Der kleine Hans kam schlaftrunken auf den Balkon. Das Mondlicht hatte ihn aufgeweckt. Er setzte sich dem Vater auf den Schoß.

»Was ist das?«

»Das ist die Mondstraße.

Der Mond hat eine Straße, die ist so hell und licht, glänzt wie von reinem Silber, doch auf ihr gehen kann man nicht.

Kennst Du vom Mond die Straße?

So hell ist die und licht! Doch was an ihrem End' sie birgt, das wissen alle nicht.

Ein Schifflein wollt' ans Ende fahr'n, ans Ende kam es nicht. Die Straße kennt kein Anfang – End', ist nur vom Mond das Licht.«

Teresa lächelte. Dann zärtlich: »Dummer Hans!«

Dass die Zeit eine Konstante sei, hat uns die Wissenschaft lange einzureden versucht. Für uns Menschen war sie es nie. So wissen wir seit eh und je: Helle Tage sind schnelle Tage.

Der vorletzte Urlaubstag findet Teresa auf dem Balkon in nachdenklicher Stimmung, resümierend.

Sie hatte einst diese Insel verlassen, aus Liebe war sie einem Mann in dessen Heimat gefolgt, um mit ihm in der Ehe vereint zu leben. Drei Kinder schenkte sie ihm.

Wie schon so oft verglich sie, welchen Lauf ihr Leben genommen hätte, wäre sie mit ihrer Mutter nach Grado gegangen. Eine Rückkehr auf die Insel war wegen der veränderten politischen Verhältnisse nicht wünschenswert; sie hätte wahrscheinlich in Italien geheiratet, wäre im Süden, an der Mittelmeersonne, geblieben. Etwas sehr Schönes, Angenehmes.

Ob sie ein besseres Los gezogen hätte?

Durch ihre Mutter gewann sie oft genug Einblick in italienische Familien- und Eheprobleme – die institutionell gemeinsame Bettdecke hilft da wenig.

Teresa blickte vom Balkon in den Garten hinunter. Hans kam vom Meer herauf. Schlank, blond, von der Sonne gebräunt, schritt er auf das Haus zu.

Und mit einem Mal wusste sie es: In früheren Zeiten musste man mit dem Mann leben, den meist die Eltern bestimmten. Jetzt muss man mit *dem* leben, den ein Gott auswählt; ein kleiner, ganz kleiner *Gott* – der mit den Flügeln und dem Pfeil im Köcher.

Amüsiert über diese simple Erkenntnis erhob sie sich und trat in die Diele, jenem entgegen, den *ihr* der spitzbübische Gott ausgesucht hatte.

VI.
Abschied

Die Kinder hatten den ganzen Tag im Wasser getobt, fielen früh in ihre Betten. Hans trat auf den Balkon zu Teresa, die an der Brüstung lehnte, und legte seinen Arm um ihre Schulter.

Als errate er ihre Gedanken, sagte er leise: »Hier ist unsere Liebe zu Hause.«

Sie blickten aufs Meer hinaus, das sich im sinkenden Tag mit dem Himmel zu einem einzigen Schauspiel von Licht und Farbe vereinte.

Der rosa Schein der Abendwolken verblasste auf dem Wasser und am Eingang zur Bucht, dort im Schatten der steilen Küste, breitete sich nächtliches Blau. Rechts von der Piniengruppe, wo der Blick weit, bis zum Festland ging, begann das Meer in Silber und Ocker, in einer unbeschreiblichen Farbe zu leuchten. Festland, Inseln und Horizont, Himmel und Erde verschmolzen, wurden eins.

In diesem unwirklichen, grenzenlosen Leuchten tuckerte etwas auf die Küste zu, ein kleines Fischerboot im Näherkommen. Der Alte von der Bucht war's, der vom Auslegen der Netze zurückkam.

Jetzt verschwand er hinter den Pinien, doch vom Meer herauf klang seine Stimme.

Er sang ein Lied von der Insel:

»Le to picie casette i to orti
mette un senso de pase nel cor,
el to clima resuscita i morti,
le to donne risveia l'amor.
Ti la gioia nel' aria ti ga.«

Deine Häuschen so klein, deine Gärten
senken den Frieden ins Herz,
weckt deine Luft selbst die Toten,
weckt die Liebe deine Frauen.
Du hast die Freude schon in der Luft.

Teresa kannte das Lied.

Sie sang es leise mit . . .

Dr. Kurt Zeidler,
Lilienfeld

1919 in Pirkenhammer-Karlsbad geboren, wo sich seine Mutter bei Verwandten wegen der Hungersnot in Wien aufhielt.

Aufgewachsen in Wien, 1937 Matura am Kundmann-Gymnasium Wien.

Anschließend Österreichisches Bundesheer, um den Militärdienst vor dem Studium zu absolvieren. Durch den Anschluss Verlängerung des Militärdienstes.

Entscheidung zum Arztberuf durch die Kriegserlebnisse. Studium erst nach Kriegsende möglich. Promotion im Dezember 1949.

Spitalsausbildung Poliklinik Wien und Krankenhaus Lilienfeld. 1957 Niederlassung als praktischer und Gemeindearzt in Lilienfeld.

Verwitwet. Vier Kinder. Ruhestand seit 1985.